Querido Iker

Mónica Pérez Benito

Querido Iker

El día que te conocí

llevabas todo el pelo alborotado

con esa cara de niño malo

me miraste de arriba abajo

y dijiste

que sí. que sí...

que tú te venías conmigo...

9.6 LA BIEN QUERIDA

A mi familia

Juan Olazagoitia
Justina Lasurain
Gregorio Benito
Micaela Ochoa
Casilda Elustondo
Juan Pérez del Palomar
Gerardo Pérez del Palomar
Pilar Olazagoitia
Vicenta Pastor
Juan Merino
Juan Benito
Vicente Merino
Susana
Ala
Carmen
Papa
Mama
Yo
Elena
Juan
Gerar

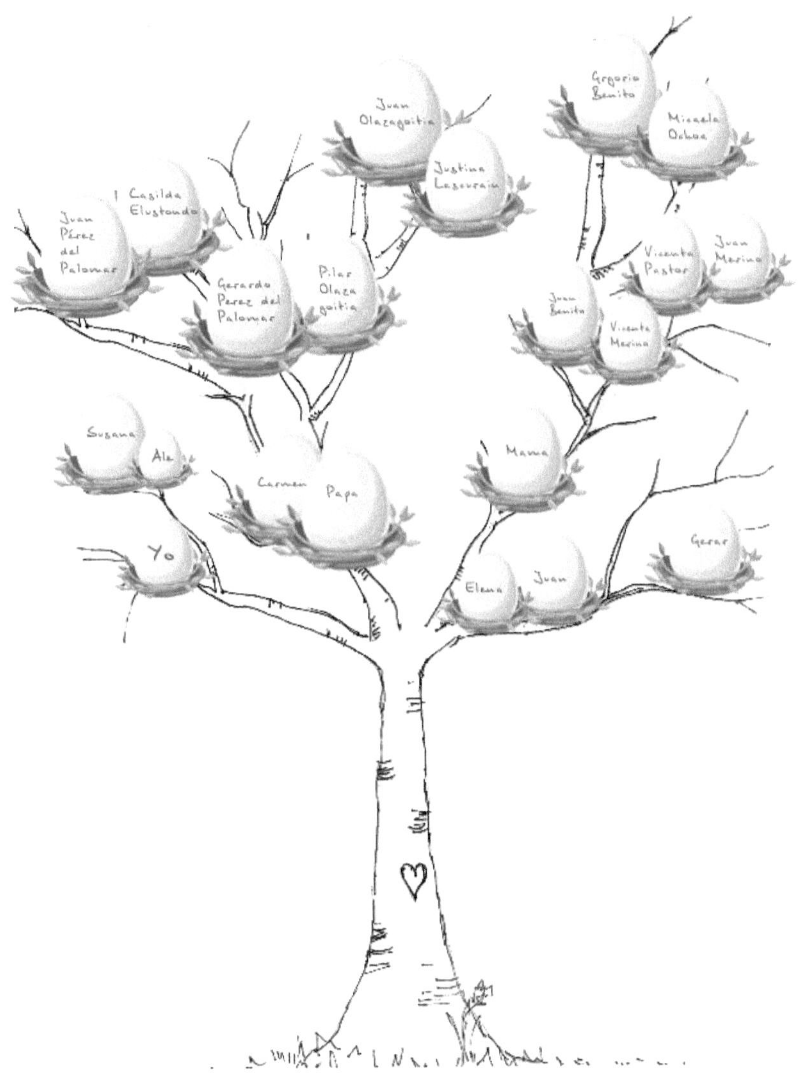

Mención especial

A mi querida M.ª Lui por tomarse el tiempo de corregir el texto y hacerlo con el cariño y la pasión que pone en todo lo que hace.

Gracias.

SEGUNDA PARTE

Cada niñ@ necesita un adulto que no renuncie a él

Nunca es demasiado tarde para devolver a los niñ@s una infancia feliz.

Mónica

Capítulo 1

Alma. 18 de julio de 2016

Son las cuatro de la mañana y sigo sin pegar ojo, llevo dando vueltas en la cama toda la noche.

Hace un calor sofocante.

Desde el Centro Meteorológico anunciaron ayer que el calor iba a ser insoportable, porque las previsiones estimaban que se podían alcanzar durante el día de hoy, una media de 35 grados. Desde luego no se han equivocado, porque a esta hora el termómetro marca 30 grados.

El apartamento donde vivo es pequeño, está situado en un complejo residencial a pie de playa, todos los apartamentos están dotados de un precioso jardín, que fue el motivo principal por el que me decidí a alquilarlo, solo tiene una habitación y una gran sala diáfana que conecta con una cocina americana. Vivo con mi perrita Laila. Ahí está a los pies de mi cama.

Siento como un nudo en el estómago, no sé de dónde viene esta angustia. Es como si intuyera que algo malo va a pasar. Esto me pasa desde muy pequeña, siempre he tenido muy buena intuición, al principio no le daba importancia, pero con los años he aprendido a hacerle caso, porque me he dado cuenta de que no suele fallar.

Es como una agitación interior.

Como veo que ya no voy a poder dormir, me hago un té helado y me voy al jardín, con este calor se está mejor fuera que dentro de casa.

Como no tengo nada mejor que hacer, reviso el correo, hay uno del que no reconozco el remitente, lo único que pone en el asunto es "Querida mami Alma".

El corazón me ha dado un vuelco, solo hay una persona en el mundo que me llamaba de esa manera. He tardado un rato en poder abrir el correo.

La última vez que lo vi, fue una tarde que nos cruzamos por la calle, nos tomamos un café y parecía que la vida le iba bien. Había conseguido un trabajo en una hípica, como mozo de cuadra, me alegré mucho de que consiguiera ese puesto.

Me puse muy feliz, Iker siempre había tenido una especial sensibilidad con los animales. Ya podía ser una hormiga o un elefante, todos le parecían fascinantes. Con 5 años, mientras los otros niños de su edad solo pensaban en jugar a fútbol, él me pidió que le comprara un libro de insectos. Encontré uno para niños en el que aparecían toda clase de artrópodos: arácnidos, insectos, miriápodos y crustáceos, que acabó aprendiendo de memoria. Aunque en su naturaleza ya estaba ese amor por los animales, quiero pensar que yo también tuve algo que ver en esa vocación.

Dediqué muchos años de mi vida a trabajar como educadora en hogares de acogida y era inevitable involucrarse emocionalmente con aquellos niños. Con algunos más que con otros.

Iker fue uno de esos niños con los que tuve una conexión especial.

Me dijo que salía con una chica con la que se sentía feliz y tranquilo. ¡Pero eso fue hace 10 años! Entonces ¿Para qué me escribe después de tanto tiempo?

Esto es lo que dice el correo:

¡Querida mami Alma!

Espero que te encuentres bien, hace mucho que no sé de ti, me llegó la noticia de que te mudaste a Francia a trabajar de enfermera veterinaria. Lo que siempre quisiste, no me extraña que dejaras el trabajo de educadora, es muy duro.

Llevo tiempo queriendo llamarte, pero ya sabes, va pasando el tiempo y nos vamos encerrando en la comodidad de nuestra burbuja.

Lamento tener que ponerme en contacto contigo para

darte malas noticias.

No sé a quién más acudir. Tú eres la única persona a la que puedo confiar esto que le está pasando a Noha.

Noha se encuentra en una situación complicada. Me llamó hace unos días, me dijo que se encontraba en un apuro, ¡Otro más! Quedamos en vernos esa misma tarde, pero no apareció. Le llevo llamando varios días y tiene el teléfono desconectado.

Me gustaría que pudiéramos vernos y explicarte bien lo que está ocurriendo, pero no quiero hacerlo por mail. Te escribo porque no tengo tu teléfono. Llamé al hogar para pedirlo, y aunque les expliqué quién era no quisieron dármelo, lo comprendo. Me dieron tu correo.

Te dejo mi número de teléfono, por favor, ponte en contacto conmigo en cuanto puedas. Es urgente. Un abrazo. Tu querido Iker.

Al terminar de leer el correo me he puesto a dar vueltas

por el jardín para relajarme, Laila se ha animado y me persigue pensando que estoy jugando. Siento una punzada en el corazón y pienso:

"Ay, mi pequeña Noha, que injusta ha sido la vida contigo"

Capítulo 2

¡Bienvenidos Iker y Noha!

Hoy es 6 de julio del año 1989, es uno de esos pocos días en los que luce el sol en esta ciudad, que por lo general está cubierta de nubes y lluvia. Pero hoy no, hoy el sol ha salido para recibir a Iker y a su hermana Noha.

Por la mañana nos han avisado desde los Servicios Sociales que tendremos dos ingresos por la tarde, nos han informado que son dos hermanos, un niño de casi 2 años y una niña de 6. Necesitan salir urgentemente del domicilio familiar.

Como siempre que llega un niño nuevo al hogar, el resto de compañeros están nerviosos y revolucionados, han hecho un cartel de bienvenida improvisado y nosotros hemos preparado rápidamente la habitación. Ha sido todo tan repentino que no nos ha dado tiempo casi ni de preparar las camas.

Cuando suena el timbre de la puerta todos quieren asomarse para ver a los nuevos. Les hemos preparado la habitación, comprado ropa y un regalo de bienvenida, para que la entrada al hogar se les haga lo más agradable posible.

El hogar tiene ocho habitaciones, un despacho, una sala y un comedor. En cada habitación duermen dos niños en literas, y ahora solo quedan dos plazas libres y les hemos puesto juntos en la misma habitación, la hemos decorado con unos *posters* de dibujos y colocado algunos peluches sobre la cama.

Salimos al portal para recibir a Iker y a Noha.

La trabajadora social sostiene en sus brazos a Iker, está envuelto en una mantita de lana rosa y solo se vislumbra una pequeña carita y unos enormes ojos marrones color miel. Se ha quedado dormido en el coche y lo han traído en brazos. Se le ve tranquilo y contento, inocente, ajeno al cambio drástico que a partir de hoy tendrá su vida.

A su lado la educadora familiar que ha estado trabajando con la familia el último año, sujeta de la mano a su hermana Noha. Observo que me mira, tiene una preciosa tez morena y pelo negro azabache todo revuelto que le llega hasta la cintura, en sus ojos marrones, un poco más oscuros que los de Iker, se vislumbra un halo de profunda tristeza.

Tras ellos dos hombres los acompañan. Parece ser que algún familiar de Iker y Noha pueda presentarse, nos han dicho que el padre es una persona conflictiva. Ha tenido numerosas agresiones violentas con arma blanca, que han acabado en comisaría. Aunque nunca nada tan grave como para encerrarlo. La policía conoce bien a Jose, saben que anda con el negocio de las apuestas, pero lo dejan pasar un poco por alto, mientras que no se meta en disputas.

Por ello la Diputación ha decidido que una pareja de paisano acompañe a Iker y Noha al hogar. No se puede poner en riesgo la vida de los niños.

Les invitamos a pasar a la sala de visitas, y allí la trabajadora social me entrega a Iker, después comienza a sacar informes y se queda hablando con mi jefa. Esta me indica que puedo subir con la educadora familiar y con Iker y Noha al hogar, y que ellas irán al despacho para terminar los trámites del ingreso.

Sujeto a Iker en mis brazos, abre sus enormes ojos de miel, sonríe y se acurruca en mi pecho. En ese pequeño instante he sabido que este niño va a ser importante en mi vida.

Cuando eres educadora conoces muchos niños, pero siempre hay algunos que desde el primer momento te conquistan, ya forman parte de tu vida, Iker estoy segura va a ser uno de esos niños. Algunos se les llega a querer como a hijos, más si acaso cuando no has sido madre.

Involucrarse emocionalmente con los niños con los que trabajamos es inevitable, ¿De qué otra manera puede ser posible quererlos si no estableces un vínculo con ellos?

Al subir veo asomados en la puerta de la casa un montón de cabecitas observando la llegada de los nuevos, todos quieren coger al pequeño, mirarlo, tocarlo.

El hogar está en un primer piso y subimos por las escaleras, yo con Iker en brazos y la educadora familiar con Noha, observo que le aprieta la mano con fuerza, al ver cómo un montón de ojos se posan en ella.

Los educadores con los que comparto turno hoy, también se asoman intentando apartar a los niños, pero están tan alborotados que les hemos dejado estar un rato con los hermanos.

Iker parece tranquilo, alegre, aunque mira a todas esas personas extrañas sin saber muy bien qué hace aquí. Es obvio que Noha no se siente a gusto, pregunta continuamente cuando vendrá su mamá a buscarlos.

A la madre la han llevado a un hogar para mujeres víctimas de violencia machista. La educadora que la ha acogido nos ha trasladado la información que la madre ha declarado a la policía sobre lo que ha ocurrido hoy, para que tuvieran que sacar a Iker y a Noha urgentemente del domicilio familiar.

Esta mañana, Martina ha llevado a sus hijos a un parque cercano a su casa. La familia vive en un barrio marginal a las afueras, que se llama La Paz, curioso nombre para un lugar en el que el 80 % de la población juvenil está enganchada a la heroína.

El barrio está constituido por doce torres de 17 pisos cada una, a las que llaman Los Doce Apóstoles. Seguramente una ironía de alguien que pensó que, quizá poniendo nombres de santos a los edificios, podrían salvar a todas esas familias de la pobreza extrema en la que viven.

Ellos viven en la torre de San Juan, en un pequeño apartamento de dos habitaciones. Justo saliendo del portal hay un parque infantil. Aunque de parque queda poco, los columpios están oxidados y la chirrista tiene unos agujeros peligrosos que te arrancan trozos de tela del pantalón si osas bajar por ella.

La escuela ha terminado y ella trataba de entretener a los niños hasta la hora de comer.

Durante el curso escolar los niños comen en el comedor, que es gratis para ellos. Por otro lado, a veces es el único plato que comen en todo el día. Pero ahora en verano dependían de la paga de su padre.

A media mañana han subido a casa para esperarle. Martina quería que le diera dinero para hacer algo de compra. Pero ha llegado Jose, borracho como siempre, y esta vez pareciera que hubiera consumido algo más que alcohol, por la virulencia de los actos que acontecieron minutos más tarde.

—— ¡No tengo dinero, lo he perdido en las apuestas!

Martina en un arrebato de rebeldía le ha increpado a su marido gritándole:

— "¡Cómo eres capaz de hacer algo así! Ese dinero era para el verano, para dar de comer a los niños".

Jose se ha debido acercar a ella dando patadas a todo lo que encontraba a su paso, sillas, mesas, juguetes de los niños. La ha cogido de la solapa y ha apretado sus puños contra el cuello. Ella ha mirado a su hija Noha y esta ha sabido lo que se avecinaba y ha entendido lo que su madre quería decirle. Se ha llevado a Iker a su cuarto, a encerrarse en el armario con su hermanito en brazos, como hace siempre que su padre se enfada.

Pasados unos larguísimos 20 minutos en los que Jose se ha despachado a gusto pegando a su mujer, por las evidentes marcas que Martina debe tener en la cara. Se ha oído el timbre de la puerta, un silencio sepulcral durante un minuto, se ha vuelto a escuchar el timbre, entonces el padre ha ido a abrir, gritando que iba a mandar a tomar por culo a quien fuera que estuviera tocando los cojones con el timbre. Para su sorpresa quien le esperaba fuera eran dos policías, un hombre y una mujer.

—— El policía le ha preguntado ¿Va todo bien? Hemos recibido una llamada informándonos de que se oyen gritos y golpes en su domicilio.

Jose ha intentado evitar por todos los medios que entraran en casa.

—— ¡Los vecinos son unos mentirosos, solo quieren jodernos la vida porque somos gitanos! - Ha respondido de manera airada, apretando los puños para contenerse y no agredir a la policía.

Viendo el estado de nerviosismo en que se encontraba Jose, los policías han insistido.

—— Nos quedaríamos más tranquilos si pudiéramos entrar y comprobar que todo está en orden.

En ese momento Martina se ha dado cuenta de que te-nía que actuar rápido que la policía no podía marcharse y que todo siguiera igual. Ha cogido un jarrón que había so-bre la mesa del comedor y lo ha tirado con todas sus fuer-zas contra el suelo, el ruido ha alertado a los guardias que han apartado de un manotazo a Jose de la puerta y han entrado para ver qué estaba pasando.

Encuentran a Martina en el suelo recogiendo los trocitos de cristal esparcidos por toda la alfombra. La mujer policía se ha acercado a ella, observando que sangraba de la nariz y cuando intenta ayudarle para que se levante, Martina se ha puesto la mano en el estómago quejándose de dolor.

—— ¿Esto se lo ha hecho su marido?

Martina ha asentido levemente con la cabeza gacha.

Entre tanto el otro policía sujeta del brazo a Jose, que ya había empezado a insultar a su mujer, parecía estar fuera de sí.

— ¡Zorra! Te vas a enterar cuando se vayan estos desgraciados, puta que no eres más que una ramera, que te saqué de la calle, me lo debes todo desgraciada.

Más tarde se ha comprobado que además de alcohol había consumido heroína. El policía ha sacado las esposas y se las ha puesto en las manos a la espalda para llevarlo hasta el coche patrulla.

La mujer policía ayuda a Martina a levantarse.

— ¿Hay niños en la casa?

Martina ha señalado con la cabeza la habitación de los niños. Y ambas van a por ellos. Noha seguía dentro del armario con Iker, al abrirse la puerta estaba muy asustada. Martina ha cogido a ambos en brazos y han ido todos al salón. La mujer policía se ha quedado en la casa para tomar declaración y el policía se ha llevado a Jose a comisaria. Explica a Martina las opciones que tiene:

—— No podéis seguir en estas condiciones, en esta casa con este hombre, ya que aunque mi compañero se lo haya llevado saldrá libre con cargos, en unos días, hasta que hubiera una sentencia, siempre y cuando tú le denuncies.

Martina tenía los ojos llenos de lágrimas, oye lo que la mujer le dice, pero no llega a escuchar, el dolor físico y emocional que siente no le permite prestar atención.

Suspirando, se ha secado las lágrimas, ha sujetado con un brazo a Iker, que no paraba de llorar y con el otro a Noha, que aún tenía el miedo en el cuerpo.

Y ha dicho:

—— Haré lo que sea, solo quiero salir de esta casa.

La policía ha puesto en conocimiento estos hechos a los Servicios Sociales de inmediato, que han activado el protocolo de urgencia, para que los niños y la madre salieran hoy mismo de ese domicilio.

Capítulo 3

La primera semana 15 de Julio de 1989

Me han asignado como tutora de Iker, lo cual significa que a partir de ahora me encargaré de todo lo que tenga que ver con su vida; la comunicación con la familia, la coordinación con el colegio u otros recursos que le vayan a asignar al niño, como psicólogos, médicos, el programa de acogimiento familiar, etc.

Igualmente me tengo que ocupar de comprar la ropa, material escolar y realizar los informes semestrales.

Otra compañera se encargará de su hermana Noha.

La primera semana la he dedicado a coordinarme con la familia y con la educadora familiar que ha estado trabajando previamente un año con la madre y el padre.

En el caso de la familia de Iker, no aceptaron la intervención educativa y no siguieron las pautas que se les ofrecieron.

Como la situación en la casa no era adecuada; maltrato y negligencia graves, ya se estaba valorando hacía unos meses, la necesidad de sacar a los niños y llevarlos a un hogar de acogida.

La educadora familiar intervino dándoles pautas para evitar la salida de los niños del domicilio familiar, pero en el caso de Iker y Noha que es muy grave *"la familia no colaboraba"*. El padre no le abría la puerta, hasta el día que sacaron a los niños de casa, en el que una vecina llamó a la policía indicando *"que, se estaban oyendo muchos golpes y gritos en el 1. º derecha, más de lo habitual"*. Ese fue el día en que la policía se personó en el domicilio.

Con el padre, que es un hombre agresivo y violento, que ha tenido varias visitas a comisaría por agresión con arma blanca y que aún tiene pendientes varios juicios por robo con intimidación, no he podido contactar, ya que se niega a coger el teléfono. Desde luego no voy a insistir mucho para que me atienda, no quiero tener que vérmelas con un hombre así. Pero es el padre de Iker y Noha y tiene derecho a tener visitas con ellos, hasta que no haya una sentencia que determine lo contrario.

Martina es una mujer con tendencias depresivas, con mucha inseguridad y falta de autoestima. Con ella sí que he podido mantener varias conversaciones durante esta semana, en las que básicamente la escuchaba, y trataba de reconfortar, ya que a menudo rompía a llorar y se culpabilizaba constantemente.

Aunque la orientación de la Diputación es que Iker y Noha vayan a una familia de acogida permanentemente, se va a trabajar para que esta madre pueda llevarse a sus hijos a casa.

He leído los informes que se han hecho este año de intervención familiar y el trabajo que se ha podido hacer, que ha sido poco.

En dichos informes se especifica que el padre es una persona violenta, que maltrataba y violaba a su mujer delante de los niños y que no ha dejado que los educadores entren en casa. La madre una mujer con depresión, que no era capaz de denunciar lo que estaba ocurriendo por miedo a perder a sus hijos.

Aunque a mí no me ha dicho nada, Martina sí que ha hecho una declaración escrita, y se la ha entregado a la educadora donde está acogida, sobre cómo su marido la maltrataba.

"En numerosas ocasiones, me lleva a rastras hasta la habitación, da un portazo y cierra con llave. Mi hija la pobre se entera de todo, ella se queda mirando fijamente la televisión con su hermano Iker en sus brazos, intentando no oír lo que pasa, mientras su padre me

golpea y me viola. Después sale de la habitación, acude a la cocina a por una cerveza y se marcha de casa, no sin antes llamarme zorra y decirme gritando que me levante de la cama para darles de cenar a los niños. Yo siempre espero a que salga de casa, voy al baño, me meto en la ducha, me acurruco y trato de que el agua de la ducha me quite el asco que siento. Noha siempre espera en silencio hasta que yo salgo del baño. Yo trato siempre de tranquilizarle y le digo que esté tranquila que no pasa nada que todo está bien, que voy a preparar la cena y que cuide de Iker mientras tanto, pero sé que ella ya se da cuenta de todo".

Al ver los informes de la educadora familiar leí que ya habían comenzado los trámites para sacar a los niños del domicilio familiar.

El modo en que normalmente se realiza la salida de casa es citando a los padres en Diputación y mientras tanto una trabajadora social y el educador familiar encargadas del caso, acompañadas por policías de paisano, acuden a coger a los niños a la salida del colegio.

Sin previo aviso se les saca del colegio y se les dice que a partir de ahora vivirán en una casa con otros niños y que verán a sus padres una vez a la semana. Esto ocasiona en muchos casos que los niños desarrollen sentimientos de abandono y sobre todo de culpa.

Pero en el caso de Iker y Noha no fue así, fue todavía más traumático, ya que ellos tuvieron que salir de urgencia debido a la extrema violencia y abuso a los que estaban sometidos.

Esta semana Iker parece estar a gusto en el hogar, se ríe y juega con el resto de compañeros, especialmente con otro compañero del hogar, Jon, que tiene 3 años.

En ocasiones pregunta por su mamá y se le explica

que la verá todas las semanas. Parece que puede entender lo que se le dice. Los hermanos llegaron el jueves pasado y se ha establecido una visita para hoy con la madre.

Se les ha explicado que su mamá vendrá a verlos esta tarde pero que luego se marchará.

Iker y Noha están muy contentos y nerviosos.

Antes de que bajen los niños voy a hablar un rato con Martina para ver qué tal esta y si se encuentra en condiciones de realizar la visita.

Observo que tiene los ojos rojos. Ella me dice:

—Me he paso el día llorando, pero intentaré contenerme.

—Es normal que estés triste, haz lo que puedas, si te resulta muy difícil puedes retirarte un rato y luego volver.

Se tranquiliza y llamo al timbre para que bajen los hermanos, que han estado muy contentos todo el día porque venía su mamá a verlos.

La visita transcurre en las inmediaciones del hogar, en un parque, durante todo el tiempo la madre se ha mostrado alegre, participando en los juegos con sus hijos, les ha traído la merienda y han pasado una visita entretenida.

En el momento en que se tenía que terminar la visita les he avisado a Iker y Noha que su madre se tenía que marchar y que ellos se quedaban conmigo en el hogar. Iker se ha abrazado a su madre y Noha gritaba que ella se iba con su mamá. Martina ha contenido las lágrimas y ha sido capaz de decirles:

—La semana que viene vendré a veros y también os llamaré por teléfono todos los días.

Iker se ha tirado al suelo y se negaba a entrar en casa

sujetando a su madre por la pierna. La madre haciendo un esfuerzo que no puedo ni imaginar, ha cogido a Iker que no paraba de llorar, le ha dado un beso y me lo ha entregado. Noha también lloraba mientras gritaba viendo a su madre alejarse ¡mamá mamá no te vayas!

Capítulo 4

El primer día de clase 18 de setiembre de 1989

En las semanas siguientes a la llegada de Iker y Noha, realizamos las gestiones para cambiarles de colegio, ya que al que estaban acudiendo quedaba muy lejos del hogar. A este colegio ya llevamos a varios niños y conocen las características que a menudo presentan; conductas disruptivas, sexualizadas, de agresividad etc. Por lo que la directora se mostró reticente a escolarizar a los hermanos. Les explicamos un poco la situación familiar en la que se encontraban. Después de mantener varias reuniones con la directora y la coordinadora pedagógica del colegio, han dado permiso para escolarizar a los hermanos.

Hoy es el primer día de clase de Iker y me he quedado un rato en el aula con la tutora y los demás niños.

Solo lleva dos meses en el hogar, pero parece sentirse tranquilo si yo estoy con él.

Le digo que me quedaré un rato y que después de clase vendré a buscarle.

La profesora pide a los niños que cojan sus cojines y los dispone en círculo.

La maestra es una mujer joven de unos 25 años, su mirada es dulce, así como su tono de voz. Se dirige hacia donde estamos Iker y yo y le invita a unirse al grupo. Él se mantiene pegado a mi pierna. Le indico que puede ir con el resto de niños. La maestra le ofrece un cojín y les dice a los demás:

—— Tenemos un nuevo compañero de clase.

Todos giran sus cabecitas, algunos saludan con la mano y otros callados observan el comportamiento del nuevo. Como Iker parece no querer separarse de mí, la maestra le propone sentarse conmigo un rato. Tomo un cojín y me coloco al lado de una niña que, lleva unas graciosas trenzas estilo pipi langstrump, con Iker sobre mis rodillas. La profesora propone hacer unos juegos de relajación.

Uno consiste en poner una vela en el centro del círculo y los niños tienen que intentar apagarla soplando muy fuerte. La profesora cuenta hasta tres y todos comienzan a soplar, a Iker parece gustarle el juego y empieza a imitar a los demás, entre todos consiguen apagar la vela.

Tras este ejercicio realiza otro que consiste en simular ser una semilla que se ha plantado y que va creciendo poco a poco hasta convertirse en un árbol.

La maestra va dando las indicaciones. Parece que los niños de la clase ya las conocen, porque algunos se convierten en árbol mucho antes de que la maestra termine de explicar las fases de crecimiento. Invito a Iker a que imite lo que los demás hacen.

Al acabar los ejercicios dejo a Iker en un cojín, ya que parece estar más tranquilo e interactúa con el resto de compañeros. Le he preguntado si quiere quedarse un rato más allí y que cuando acabe la clase iré a buscarle. Asiente con la cabeza, le doy un beso y él me dice adiós con la manita.

Cuando voy a recogerle sale corriendo y salta para que le coja. Me acerco a la maestra con Iker en brazos y esta me comenta que ha estado muy tranquilo, que ha jugado e interactuado con el resto de niños. Le pregunto a Iker:

—¿Lo has pasado bien? ¿Querrás venir mañana a jugar con tus nuevos amigos? Parece contento porque sonríe y asiente con la cabeza.

Capítulo 5

Cumpleaños de Iker

Es 3 de octubre de 1989, Iker cumple 3 años, lleva ya 3 meses en el hogar, parece haberse integrado muy bien en el grupo. Iker vive con otros seis niños de edades comprendidas entre los 4 y los 12 años. Él es el benjamín de la casa y todos le tratan con mucho cariño. Para el día de su cumpleaños hemos preparado una fiesta con globos, piñata y juegos. Hemos invitado a Martina a que venga a la fiesta.

La madre ha empezado un proceso terapéutico y comienza a darse cuenta de que habría tenido que denunciar antes a su marido.

Sigue sintiéndose muy culpable por haber dejado que sus hijos vivieran esa situación tanto tiempo.

Vive acogida en un piso que comparte con otras mujeres víctimas de violencia de género. Las educadoras la están ayudando a buscar un empleo y le proporcionan la información necesaria para gestionar ayudas económicas, cómo realizar trámites legales etc.

Acude semanalmente a las visitas con sus hijos y siempre tiene gestos y palabras cariñosas para ellos, dejando fuera todo su malestar y dolor por no tener a sus hijos en casa.

Está sin trabajo y me ha llamado llorando.

— No voy a poder hacerle un regalo a Iker, estoy sin dinero y no quiero pedirles a las educadoras que bastante están haciendo por mí, me dice entre sollozos.

— No te preocupes, nosotros compraremos algo y luego tú se lo das como si fuera tuyo.

— Gracias, dice ella, mientras se seca las lágrimas que surgen por la emoción de poder llevarle un regalo a su hijo.

Iker se ha puesto muy contento cuando ha visto aparecer a su madre en la fiesta, se han abrazado y la madre le ha dado el regalo. Martina se ha quedado un rato ayudándole a soplar las velas y ha participado en los juegos con el resto de niños y educadores.

A su hermana que ha estado presente en el cumpleaños, se le ve contenta por ver la fiesta tan bonita que le hemos preparado a Iker, pero en su interior debe estar grabado a fuego el único cumpleaños que recuerda haber tenido un regalo. La madre nos contó lo que ocurrió ese día.

Martina había ido a la beneficencia, donde a menudo acudía a por alimentos para los niños. Esta vez había ido porque su hija Noha cumplía 5 años y allí también solía haber juguetes para las familias más desfavorecidas.

Cuando llegó al centro, una mujer con gesto rudo le atendió.

— ¿Qué necesitas esta vez? Le preguntó con un visible tono de desprecio.

Era una mujer de carácter seco y sabía por lo que Martina estaba pasando, más bien la juzgaba por lo que les estaba haciendo pasar a sus hijos por no denunciar al desgraciado de su marido. Así que Martina acudió a este sitio de "beneficencia" con la cabeza gacha esperando poder encontrar algo bonito para su hija.

— ¡Solo tenemos muñecas, no hay otra cosa! -le dijo la mujer con indiferencia.

Martina contenta por poder llevar un regalo a Noha tomó una de las muñecas que tenían metidas en un baúl. Era una muñeca rechoncha con los coloretes pintados con un rotulador color rosa fucsia y el pelo negro alborotado, le resultó graciosa y decidió elegir esa.

Al llegar a casa los niños estaban solos, los había dejado con su marido, Jose, y cuando regresó, él ya no estaba. Noha salió corriendo hacia la puerta, ya que sabía que era su madre quien llegaba. Ella no preguntó nada, le dio un abrazo y un beso a Iker, que estaba en la cuna.

— Tengo un regalo para ti, porque es tu cumpleaños.

Noha se puso muy contenta cuando vio la muñeca, la cogió en sus brazos y fue a enseñársela a Iker. Aunque su hermano no tenía ni un año, Noha siempre le hablaba y compartía sus juegos con él.

En ese momento se oyó de nuevo el sonido de las llaves de la puerta, era su padre que llegaba borracho.

Noha emocionada quiso enseñarle el regalo que había recibido, pero no tuvo tiempo, ya que su padre se la arrancó de las manos e increpando a la madre con ella, le dijo visiblemente enojado:

—¿Qué hostias es esto? ¿Cómo se te ocurre comprarle una muñeca si no tenemos dinero ni para comer?

Martina no tuvo tiempo de contestar ni dar explicaciones a su marido, ya que este estampó la muñeca contra la pared, la cabeza se deprendió del cuerpo y se fue rodando hasta los pies de Martina, que miraba con pavor el siguiente movimiento de su marido. Jose se acercó con intención de darle un tortazo, ella miró a Noha y en un tono de voz bajo, casi un susurro, le pidió a su marido:

—¡No lo hagas delante de los niños!

Noha lloraba por ver su muñeca descabezada en el suelo y Jose no solo obvió lo que su mujer le estaba pidiendo, estampándole una bofetada en toda la cara, sino que la agarró del brazo fuertemente y la llevó a la cocina. Allí le propinó unos cuantos golpes más en el estómago. Y gritando le dijo:

— ¡Quédate ahí estúpida! Que ahora quiero hablar con Noha.

Martina temblorosa y dolorida se sentó en una silla, las lágrimas recorrían sus mejillas a borbotones, no por los golpes, sino por el miedo que sentía que hiciera daño a la niña.

Cuando su padre salió de la cocina, Noha estaba muy asustada por lo que pudiera hacerle, y se puso junto a la cuna de Iker, le relajaba verle dormir plácidamente en ese caos en el que vivían. Noha estaba esperando la bofetada y se tapó la cara con los brazos, cuando vio que su padre se acercaba a ella. Para su sorpresa el padre la cogió de la mano la sentó bruscamente en el sofá a su lado y sin decir palabra ni mirarle, puso un partido de fútbol.

Así que ahora Noha parece feliz al ver que su hermano no haya tenido que pasar por lo que ella pasó. Pero cuando ocurrieron estos hechos Iker tenía casi un año, vivía con esas personas, captando inconscientemente lo que los demás le trasmitían, llenando su subconsciente de la tristeza y el dolor de su madre, el miedo de Noha, la agresividad de su padre y esto a la larga puede hacer más daño que un tortazo.

Cuando la madre se ha tenido que marchar del cumpleaños, como siempre Iker ha roto a llorar y se ha abrazado a su madre. La madre lo ha cogido en sus brazos, acariciando su carita le ha dado un beso, ha conseguido tranquilizarle, recordándole que vendrá esta semana otro día, ya que les toca visita y que le llamará por la noche.

Todas las noches sin excepción Martina llama a sus hijos.

El resto de la tarde la pasa jugando con los regalos que ha recibido, tranquilo. Con Jon con el que ha congeniado y entre los dos se entretienen.

Capítulo 6

Una familia para Iker 15 julio de 1991

Iker y Noha ya llevan dos años en el hogar y esta semana me toca hablar del caso de Iker. Se está trabajando para encontrar una familia de acogida para él y su hermana.

Mi coordinadora me ha informado que han encontrado una familia para Iker. Por una parte, me alegro por él, ya que en principio un entorno familiar es mejor para educar a un niño que un hogar de acogida. Pero el equipo y yo misma no estamos de acuerdo en separar a los hermanos. Iker está muy unido a su hermana, esta lo protege y cuida. Pensamos que sería muy perjudicial para ambos separarles.

Hemos enviado un informe a la Diputación pidiendo que se retrase el acogimiento hasta encontrar una familia para los dos. Pero la familia acogedora ha dicho expresamente que solo se llevaría a uno. Así que hemos tenido que acceder a que esta familia acoja solo a Iker.

Mi jefa me ha pedido que me ponga en contacto con Andrés, el coordinador del programa de acogimiento familiar para mantener una reunión con él y presentarme a la familia de acogida.

Conozco a Andrés de otros niños con los que he trabajado que fueron a acogimiento familiar. Es una persona soberbia. Además, conozco su forma de pensar al respecto de lo que es mejor para los niños que van a familias de acogida.

Reducir al máximo los contactos, tanto con los padres biológicos como con los hermanos y fortalecer el vínculo con la familia de acogida. Así que he ido a la reunión poniendo en la mesa claramente que Iker tiene una madre que está trabajando duro para poder llevarse a sus hijos a casa y que de ninguna manera vamos a reducir las visitas con ella y su hermana.

Cuando llego a las oficinas de los Servicios Sociales, me esperan en una de las salas que se reservan para hacer reuniones, con otros profesionales que trabajan en el caso o con las familias.

Andrés se levanta, me da su beso de Judas y me presenta a la familia acogedora.

Ella es una mujer de unos 30 años, con la tez extremadamente morena, fruto de horas de playa evidentemente y un gesto serio que trata de disimular con una falsa sonrisa. Se ve que su peinado lleva poco tiempo fuera de la peluquería, es elegante, parece que va a ir a una boda, con un vestido pegado a su escultural cuerpo, claramente conseguido con horas y horas de gimnasio. Es alta, más alta que el chico que la acompaña, que parece más joven aún.

Al contrario que ella, él viste más informal, lleva una barba de dos días, está desaliñado, viste vaqueros y una camiseta negra que pone "I have no idea what i´m do-ing" (que para los que no sepáis inglés significa, no tengo ni idea de lo que estoy haciendo). Creo que él tampoco sabe lo que significa.

Cuando llevas muchos años como yo trabajando con familias de acogida, sabes cuándo una familia va a funcionar. Y a esta pareja, está claro que les viene grande.

Les explico brevemente la situación de Iker y las visitas que tiene estipuladas con su madre y su hermana. Parece que están de acuerdo con las condiciones. Veremos a ver qué pasa, no las tengo todas conmigo con esta familia.

"Para los que desconozcan la diferencia entre acogimiento familiar y adopción, voy a dar una pequeña explicación, porque creo que es importante tenerlo claro. El acogimiento familiar es una medida de protección para niños menores en situación de desamparo, de CA-

RÁCTER TEMPORAL. La familia de acogida ejerce el cuidado del niño o el adolescente, comprometiéndose a ocuparse no solo de su sustento sino también de su formación personal y educativa, hasta que el menor pueda regresar con un pariente biológico.

Este recurso depende de la Diputación Foral y lo llevan a cabo empresas privadas, que consiguen la contratación por concurso público. Esta empresa se dedica a buscar familias que puedan acoger "temporalmente" a niños que se encuentran acogidos en recursos residenciales y cuyos padres, en ese momento no pueden hacerse cargo, pero con los que se trabaja siempre para que mantengan el vínculo biológico con su familia de origen. Esto se realiza a través de visitas semanales con los padres, siempre que sea adecuado para los niños.

El objetivo de este programa se creó para intentar trabajar con los padres y prepararlos para que los niños puedan retornar al domicilio familiar y mientras los ni-

ños viven en un ambiente familiar "estable". Este acogimiento puede durar meses o años, dependido del progreso de la familia biológica. Esta información, en ocasiones, se omite a las familias de acogida, que en muchas ocasiones se confunden y creen que ese niño que acogen es para ellos, asumen que la familia biológica es perjudicial.

El sistema de Acogimiento Familiar que tenemos aquí trabaja en pro de fortalecer el vínculo con la familia de acogida y para reducir al mínimo los contactos con la familia de origen. Es por esto que se producen confusiones y devoluciones de niños a los recursos residenciales, cuando la familia de acogida se da cuenta de que va a tener que compartir a ese niño con su familia biológica. Este sistema puede ser voluntario o profesionalizado, para niños con necesidades específicas más complejas. En este caso la persona que acoge recibe un *sueldo y su trabajo es ese. Pero en las familias volunta-*

rias hay más manga ancha y se permite a las familias

acogedoras devolver a los niños.

Por otro lado, está la ADOPCION en la que un adulto

toma como propio a un hijo ajeno, con el fin de estable-

cer con él una relación paterno-filial con idénticos o

análogos vínculos jurídicos que los que resultan de la

procreación. En estos casos son niños que NO tienen pa-

dres o ningún familiar que pueda hacerse cargo de

ellos."

Capítulo 7

Primer encuentro con la familia 20 de julio de 1991

Para el primer encuentro con la familia acogedora he preparado un calendario con los días en que se harán las visitas con Iker.

Les he explicado que cuando comienza un proceso de acogimiento familiar se realizan visitas progresivamente.

Se comienza con dos tardes a la semana acompañados por un educador, después se pasa a tener dos tardes sin acompañamiento. Les aclaro que, si la valoración durante este período resulta adecuada para ampliar las visitas, se comenzará a realizar una pernocta semanal y se ampliará a cuatro tardes sin supervisión. Y así progresivamente ir introduciendo al niño en la vida de los acogedores.

He intentado explicar a Iker lo que es una familia de acogida, pero creo que no lo comprenderá hasta que se vaya a vivir con ellos.

Bajo al parque un poco antes de la hora que hemos acordado, para que Iker pueda jugar un rato y este relajado. Es un niño muy movido, con mucha energía, necesita estar continuamente haciendo algo.

Al cabo de un rato veo aparecer en la plaza a la pareja. Ella va impecable como siempre, lleva una camisa blanca embutida en una falda tubo azul marino. El bolso cruzado rojo, a juego con los zapatos de tacón. Pienso "¿Dónde cree esta que viene, a una fiesta de gala?".

Él en cambio va más informal, aunque lleva una camisa de cuadros por fuera de unos pantalones de pinza color crema y unas impecables zapatillas Adidas.

Me acerco a ellos mientras Iker se balancea en el columpio. Sonríen y miran todo el rato al niño.

— Id tranquilamente, poco a poco, si no os hace caso en un primer momento, tened paciencia, los niños necesitan su tiempo. - Les digo intentando mantener la calma, porque esa mujer me pone de los nervios.

Pero esa mujer altiva ¿Me hace caso?, claramente no.

Me saluda secamente y va directa a coger a Iker del columpio, yo es que me tiro de los pelos, "¿Esta mujer es imbécil o qué?"

Iker me mira asustado y me llama para que le coja. Llego antes que Neus, que así se llama la acogedora y puedo cogerle. Ya empezamos mal.

Les presento a Iker a quien, mantengo sobre mis brazos un momento hasta que me pide ir a jugar. Baja de un salto y sube corriendo la txiristra.

Durante un rato me quedo hablando con ellos hasta que Carlos, el acogedor, me pregunta si es buen momento para acercarse a Iker, que sigue subiendo y bajando la txiristra sin parar. Me parece buena idea.

Carlos le propone un juego, ese de esconderse y preguntar ¿Dónde está Iker? A él le gusta mucho ese juego porque se sorprende al ver que las cosas aparecen después de esconderlas.

Para mis adentros pienso que no está todo perdido, al menos Carlos parece tener un poco más de tacto y conocimiento de lo que un niño de 4 años necesita.

Jugar, jugar y jugar.

Mientras tanto Neus no para de asediarme a preguntas, primero con las típicas:

—¿El niño come bien? ¿Se hace pis en la cama?, ¿Lleva pañal?, ¿Duerme bien?

Pero luego se pone especialmente pesada intentando conocer más sobre la historia de Iker. Le digo claramente que toda esa información es confidencial y que es mejor que conozcan ellos a Iker como es, que interactúe con él sin prejuicios. No le gusta mucho la idea porque sigue insistiendo con preguntas.

— ¿Y la madre trabaja? ¿Y el padre, nos hemos enterado de que es una persona un poco agresiva? ¿No intentarán quitarnos al niño? ¿Y cuándo podemos llevárnoslo a casa?

Quiero ponerle un tapón la boca para que se calle y termine el interrogatorio.

Como veo que Iker lo está pasando bien con Carlos, aguanto un poco más a la petarda de Neus. Que no se vuelve a acercar a Iker en todo el resto de la visita, aludiendo que el niño no quiere estar con ella.

Se termina el tiempo y le pregunto a Iker:

—¿Lo has pasado bien? ¿Querrás que vengan Neus y Carlos otro día a jugar contigo?

Iker solo mira Carlos y dice que sí. Le pido que se despida de ellos, dice adiós y sale corriendo de nuevo hacia la txiristra.

Capítulo 8

Verano 14 y 15 de agosto de 1991

Ha llegado el verano y se nota el calorcito y las ganas de playa. Los niños han comenzado sus actividades deportivas. Iker como es pequeño aún, va un rato por la mañana al colegio, que organiza juegos. Iker siempre va muy contento a estas actividades.

Durante los meses de verano hemos programado varias visitas con la familia de acogida, dos por semana acompañadas por un educador, ya que se ve necesario hacer un trabajo con ellos antes de Iker pueda ir a dormir a su casa. La actitud de Neus ha ido cambiando a medida que va conociendo a Iker y se muestra más abierta a las indicaciones que se le hacen a la hora de interactuar con él.

Neus y Carlos le están llevando a realizar numerosas actividades, sobre todo van a la playa, ya que a Iker le encanta el mar, allí se divierte cogiendo cangrejos y conchas. Pero también pasan tardes en el parque o van al monte, la familia tiene un perro, que se ha encariñado desde el primer momento con Iker y él con este. Tiene un don, para contactar con los animales. Ya puede ser, un perro un gato un caballo o un renacuajo, que Iker siempre está ahí comunicándose con ellos.

Ayer fue la primera noche que pasó con los acogedores, coincide que son las fiestas de la Semana Grande y le llevaron a ver los fuegos artificiales, después tomaron un helado.

Iker se puso muy contento por ir a dormir con Carlos y Neus, ya que siempre hace cosas divertidas con ellos. Le expliqué que volvería al hogar al día siguiente. Parece que le gustó la idea y ayer preparamos juntos una mochilita con ropa, un pijama y su cepillo de dientes. Me preguntó:

— ¿Puedo llevar a Thor?, su superhéroe favorito.

Thor es un muñeco de unos 15 cm de peluche con el que suele dormir.

— ¡Claro que sí! Y si quieres puedes llevar también algún juguete más.

Iker miró alrededor de la habitación y eligió un coche de mando. Así que metimos todo en la mochila y la dejamos en la mesa para cuando vinieran por la tarde a buscarle.

Me siento contenta por Iker, porque le veo feliz, pero no puedo evitar cierta angustia porque tengo la experiencia de otros acogimientos fallidos y sé que si este falla Iker lo va a pasar muy mal. Y desde luego no las tengo todas conmigo con esta familia.

Por otro lado, tengo que sostener a Martina, que está preocupada porque esa familia se quede con su hijo. He tenido varias conversaciones en las que le expliqué, que, aunque Iker fuera a vivir con ellos, ella es su madre y vamos a seguir trabajando para que los niños vuelvan a casa con ella, mientras tanto Iker puede pasar un tiempo en un entorno familiar "estable".

Hoy domingo han traído a Iker al mediodía, cuentan que lo pasaron muy bien viendo los fuegos artificiales, pero que le ha costado dormir un poco. Que cuando le metieron a la cama se puso a llorar llamando a su mamá.

Les había explicado que a veces en el hogar le pasa eso y yo le suelo calmar sentándome a su lado acariciándole la espalda y tranquilizándole diciéndole que vería a su mamá esa semana un día. A veces lo que hago es llamar a la madre para que hable con él. Pero las familias de acogida y las biológicas no mantienen contacto. Por lo que les propuse que, si la próxima noche que pasara con ellos se ponía muy nervioso o no conseguían calmarle, podían llamar al hogar para que pudiera hablar con algún educador si no estaba yo.

Por la mañana parece ser que Iker ha preguntado cuándo volvería al hogar y ellos le han explicado que comerían una hamburguesa y después vendrían. Iker ha vuelto contento. Le he preguntado si quiere volver a ir casa de Neus y Carlos, me ha mirado y me ha dicho:

— Hoy no.

Capítulo 9

Un día cualquiera en el hogar 16 de set. 1991

Son las ocho de la mañana, lunes, y los niños remolonean un poco antes de levantarse para ir al colegio.

Mi turno ha comenzado a las 8, antes de ir a despertar a los niños, hago el cambio de turno con el educador que ha estado de noche. Me comenta que Iker ha estado nervioso, que se ha levantado varias veces diciendo que tenía miedo. Por lo demás todos han estado tranquilos.

Cuando voy al cuarto de Iker veo su cabecita asomando entre las mantas.

— ¡Hay que levantarse! Que hay que ir a cole, le digo con voz suave, mientras le acaricio el pelo.

— ¡Quiero dormir más!, dice gritando mientras se retuerce y se mete más dentro de las sábanas.

Se le nota cansado, así que como es pronto le dejo un rato más, mientras yo voy a despertar al resto de compañeros y a prepararles el desayuno.

Sobre las ocho y veinte voy a ver si Iker sigue dormido, pero al parecer ya le ha levantado mi compañera.

Mientras desayuna le preparo el uniforme para ir a clase. Tras lavarse los dientes me llama para que le ayude a vestirse. Hoy tiene excursión, el curso escolar acaba de comenzar y como aún hace buen tiempo aprovechan para llevar a los más pequeños a hacer actividades fuera del centro. Van a visitar una granja. Iker está emocionadísimo, le gustan tanto los animales que cada vez que ve un perro por la calle sale corriendo a tocarle. En más de una ocasión he tenido que pedir disculpas a los dueños, porque se tira literalmente sobre ellos.

Le preparo un bocadillo y una fruta. Se pone contento porque le gusta llevar su mochila, como los mayores.

Salimos de casa son las 8.50, el centro escolar está muy cerca del hogar y vamos andando. Sus compañeros, con sus mochilitas y sus gorras esperan a que la profesora abra la puerta. Cuando suena el timbre, todos corren para ser el primero en entrar. Iker se va corriendo también y le digo:

— ¿Has olvidado algo? Ya estaba casi dentro de la clase, pero se da la vuelta mirándome de lejos y responde.

— ¡Ah sí!

Se acerca a mí, me da un beso fugaz y después sale corriendo hacia el interior de la clase.

Hablo un momento con la auxiliar, ya que no está la tutora y le comento que ha pasado mala noche, que estamos en un proceso de acogimiento familiar, (*esto debería de saberlo, ya que mantuve una reunión con su tutora para informales*) y que puede que esté un poco más nervioso de lo habitual.

Cuando he vuelto a recoger a Iker a clase, la profesora me ha dicho:

—Ha estado muy apagado la hora que hemos estado en clase antes de salir a la excursión y no ha querido participar en las actividades con los demás. Ha estado pintando un rato solo. Luego ya en la granja se ha animado y lo ha pasado genial. Se ve que tiene una conexión muy especial con los animales.

Se ha dibujado a sí mismo con dos personas adultas a cada lado sin brazos. El sí se ha representado con brazos. *"En Psicodiagnóstico infantil el significado muy claro de esta representación es la de que Iker, se encuentra entre dos personas, a las que percibe como incapaces de dar o recibir"*

Iker tiene muy buena intuición y se da cuenta aún con solo cuatro añitos de cómo son las personas, detecta de inmediato si aquella persona que tiene delante le inspira confianza o no, si viene con buenas o malas intenciones. Sabe lo que cada persona espera de él y actúa en consecuencia.

Tiene mucho carácter desde muy pequeño, hemos tenido que trabajar con él para encauzar toda esa energía.

Capítulo 10

La despedida de Iker 14 de octubre de 1991

Ha llegado el día, Iker se marcha a vivir con la familia de acogida.

Cuando un niño se marcha del hogar se le suele hacer un libro de vida, en él se ponen fotos y recuerdos de su paso por el hogar. Así que durante el verano he estado recopilando fotos de Iker con sus compañeros, de momentos en casa, cenando, viendo la tele o jugando. También he puesto fotos de cuando íbamos a la piscina o hacer alguna actividad. Hay una página dedicada a los educadores con sus fotos en las que cada uno escribimos algo. Yo le he puesto que ha sido un placer conocerle y que le llevaré siempre en mi corazón. Iker ya tiene 4 años y entiende muchas cosas. Pero creo que no entiende muy bien por qué tiene que marcharse de aquí sin su hermana.

Le he explicado que seguirá viendo a su hermana y a su mamá todas las semanas, y que de vez en cuando la familia le traerá al hogar para hacernos una visita, así que no era un adiós sino un hasta luego, cosa que creo tampoco ha comprendido.

Le preparamos una fiesta de despedida con todas las cosas ricas que a él le gustan, donuts de chocolate, doritos, globos y le hemos dado un regalo de despedida.

Son las 9 de la mañana la familia de acogida toca el timbre para que bajemos las maletas de Iker. A mí me ha dado un vuelco el corazón y una profunda tristeza se ha apoderado de mí, les he pedido a mis compañeros que me dejen un momento a solas antes de despedirme de Iker.

He ido al despacho y allí estaba un compañero, he cerrado la puerta y le he pedido si podía darme un abrazo, me he puesto a llorar con un desconsuelo que no sé bien de dónde venía, no puede ser sólo porque

Iker se marche.

Es esa sensación de ser sentirse abandonada, una sensación que revivo en mí cada vez que alguien se va de mi vida, un vacío inexplicable, que lo llena todo. Mi compañero no entendía muy bien qué me estaba pasando, ni yo tampoco y ha estado un buen rato abrazado a mí acariciándome el pelo, me sentía como una niña indefensa, incapaz de salir adelante, de superar una nueva pérdida.

Al cabo de un rato consigo calmarme y sobreponerme. Voy al baño, me seco las lágrimas, me pongo un poco de maquillaje y salgo a despedirme de Iker.

Él no parece especialmente contento, me acerco y lo cojo en volandas. Le digo:

—Ahora tendrás una habitación para ti solo y esta semana vendrás a la visita con tu mamá y con Noha y les podrás contar cómo es tu nueva casa.

Él sonríe y me dice

— Tengo muchos juguetes.

Bajo las escaleras con él en brazos y le meto en el coche

— ¡A ver! ¿Cómo te atas el cinturón?
— ¡No se! ¿Me ayudas?
— Sí que sabes, pero te ayudaré.

Le pongo el cinturón, le doy un beso y él me da un fuerte abrazo. Me marcho intentando no volver a llorar, con un nudo en el estómago.

Capítulo 11

La revelación de Noha. 15 de febrero de 1992

Durante los cinco meses que Iker lleva con la familia de acogida, nos hemos centrado en trabajar con su hermana Noha. Esta presenta desde su llegada al hogar conductas sexualizadas. Se tumba en el sofá y se frota con un cojín los genitales. Se decidió que fuera a terapia para poder trabajar con ella este comportamiento y averiguar de dónde venían estas conductas en una niña de 9 años.

En el equipo tenemos nuestras sospechas de que Noha ha podido ser víctima de abusos dentro del entorno familiar, pero hasta que la niña no lo revelara no podíamos estar seguros de quién había sido.

Esta tarde Noha se encontraba charlando con su tutora del hogar. A menudo juegan con unos muñecos que representan a su familia. Tiene uno para cada miembro de la familia. Por lo general Noha juega a que todos mueren, pero hoy ha cogido el muñeco que representa a su padre y al suyo y ha representado una escena que ha dejado sin palabras a Andrea, su tutora.

Primero la niña ha cogido los muñecos que representan a su madre y a su hermano y ha dicho:

—— Ellos se van a dormir y estos, el de ella y el padre, se quedan en la sala.

Noha tiene una casita de muñecas en la que hay todo tipo de detalles, habitaciones, camas, cocina. Ha puesto a los muñecos que representan a su padre y a ella sentados en el sofá de la sala.

La niña ha tomado el muñeco que le representa y le ha quitado la ropa, después la ha tumbado en una camita de juguete que tiene y junto a ella ha colocado el del padre. La niña ha cogido la mano de la muñeca y la ha colocado a la altura de los genitales del muñeco del padre.

Andrea, mientras Noha representaba la escena no tenía claro aún que la niña estaba haciendo una revelación. Pero a medida que ha seguido el juego se ha dado cuenta de que estaba contando una situación de abuso.

Noha ha seguido jugando con los muñecos, que han acabado tumbados en la cama uno encima del otro.

— ¡Menuda movida! - Andrea entra en el despacho sacudiendo las dos manos como queriendo desprenderse de algo asqueroso.

— ¿Qué pasa?
— No te vas a creer lo que me acaba de contar Noha, bueno no sé…, estoy un poco confundida, lo ha representado con los muñecos...no estoy muy segura...

Andrea da vueltas de un lado a otro del despacho sin parar.

— ¿Pero qué es lo que ha representado? - me temo lo peor.

Andrea me cuenta lo que la niña parece haber revelado.

— Hay que ponerse en contacto enseguida con su terapeuta, va tener que contárselo, para poder denunciar los hechos es necesario que un profesional de la psicología y un juez lo ratifiquen.

— Ya – responde Andrea notablemente afectada.

— Después de que un juez lo ratifique hay que activar el protocolo de abusos intrafamiliares y denunciar al padre.

— Será desgraciado el tío, qué asco de verdad. Ojalá lo encierren y le den bien por el culo. Pobre niñita mía.

Andrea rompe a llorar, la abrazo e intento consolarla.

— Bueno al menos ahora ya no podrá acercarse a la

niña hasta que salga la sentencia. Y despúes ya veremos.

— Sí, en eso tienes razón- Andrea se separa y se seca las lágrimas.

— Bueno, vamos a mantener la calma, hablaremos con Esther para que gestione esto, tú ya has hecho tu trabajo que es acompañar a la niña.

— Sí, vamos, que los niños están solos en la sala y ya es hora de cenar.

Antes de salir del despacho se da la vuelta y dice:

— ¡Joder, siempre me tocan a mí estos marrones!

— Eso es porque eres la mejor educadora del mundo.

— ¡Qué boba eres, Alma!

Sale riendo del despacho.

Andrea es una mujer maravillosa. Tengo la suerte de compartir casi todos los turnos con ella. Hacemos un

gran equipo. Ella siempre está buscando cosas divertidas que hacer con los niños para cuando trabajamos el
fin de semana; salidas al cine, talleres, espectáculos,
siempre tiene un as bajo la manga. Además, es súper
cariñosa con los niños, y se involucra en su trabajo, porque los quiere.

¿Hay alguna otra manera de educar a un niño, que
no sea queriéndolo? Pero no todos los educadores/as
son así, ni mucho menos. No en vano, es una de las me-
jores educadoras, me atrevería a decir, del mundo.

Nos reímos mucho juntas, a veces los niños nos dicen a ver si estamos locas. Porque cuando estamos
muy estresadas o el hogar es un caos, a nosotras nos
da la risa porque llega un momento en que les dices,
¡venga, hacer lo que os dé la gana! Entonces esto los
desconcierta y reaccionan porque no entienden nuestras risas.

Hay días que no podemos parar de reír y los niños acaban contagiándose.

Adoro a esta mujer.

Capítulo 12

Cese del acogimiento familiar de Iker.

Abril de 1992

Han pasado cinco meses desde que Iker se fue a vivir con la familia de acogida. En ese tiempo han sucedido diversos acontecimientos que han hecho que la familia de acogida devuelva a Iker al hogar.

Primeramente, empezaron a quejarse, especialmente Neus, porque el niño tenía demasiadas visitas con su madre y su hermana Noha y que ellos no tenían tiempo de estar trayendo a Iker dos veces por semana. Aun sabiendo que habían firmado un acuerdo en el que se establecía claramente el régimen de visitas de Iker con su familia.

Después lo que les molestaba era el comportamiento de Iker tras las visitas, ya que había días en los que el niño regresaba muy nervioso y otras se mostraba reacio a volver con ellos. Por lo que Neus aludía que Iker no quería estar con ellos y que les costaba mucho calmar al niño, que podía llegar a gritar o incluso pegarles.

Más tarde el problema eran los hábitos de sueño de Iker que no les dejaba dormir, ya que era habitual que tuviera un sueño muy ligero y se despertara muchas veces por la noche, le costaba mucho conciliar el sueño y se despertara llorando y gritando.

Iker tiene muchos problemas a la hora de irse a dormir, tiene miedos nocturnos. Supimos por Noha que su padre cuando Iker lloraba mucho lo metía en un armario y no lo sacaba hasta que dejaba de llorar. Esta información no se la di a la familia, pero sí les expliqué que necesitaba que se le acompañara por la noche, ya que tiene miedo a la oscuridad.

Luego lo que les parecía mal era la distancia de su

casa al colegio, que tardaban mucho en traer a Iker y que pensaban cambiarle de colegio en cuanto pudieran. Con esto me puse especialmente dura, ya que Iker había tenido varios cambios de colegio en los últimos años y no era conveniente realizar otro y menos a mitad del curso escolar.

Después les suponía mucho esfuerzo el proceso de reunificación que, se realizaba conjuntamente con la familia acogedora y la biológica.

Se trabajó con Martina, a través de un programa educativo que le aportara pautas de crianza adecuadas, para preparar la vuelta al domicilio familiar. Este proceso puede durar meses o años, pero no menos de seis meses. Esta información se la facilité a la familia acogedora, que tendrían que asumir que el acogimiento podría tener una duración indeterminada, entre seis meses y la mayoría de edad de Iker, si no se hubiera podido trabajar lo suficiente con Martina para que Iker retornara a casa con ella y su hermana Noha.

Y el colmo de las excusas que pusieron para deshacerse de Iker, que personalmente creo que era lo único que realmente importaba a esta familia, era mantener su status social, fue que todo ello les estaba impidiendo totalmente continuar con los momentos de esparcimiento familiar habituales de los que disponían en su funcionamiento cotidiano (no poder realizar las actividades lúdicas y sociales: fines de semana con amigos, visitas a la familia extensa del acogedor, disponer de periodos vacacionales muy cortos...)

Todo esto, y yo creo que principalmente el inicio de un proceso de reunificación de los hijos con Martina, les ha supuesto un nivel de exigencia tan elevado que ellos no se encuentran en condiciones de mantener.

La familia de acogida ha enviado un comunicado a La Diputación informando de su deseo de cesar el acogimiento de Iker.

Capítulo 13

El retorno de Iker al hogar

Es 1 de marzo de 1992, las temperaturas han bajado repentinamente, está sacudiendo una ola de frío que ha dejado carreteras cortadas y pueblos aislados por la cantidad de nieve que ha caído esta noche. Varias personas han quedado atrapadas sin poder salir de sus casas. Pero por la mañana ha comenzado a lucir el sol y la nieve en la ciudad se ha derretido lentamente.

Los acogedores habían avisado de que vendrían un poco más tarde, ya que están esperando a que la quitanieves despeje las carreteras. Han llegado a las doce del mediodía, yo les estoy esperando en la plaza y veo a lo lejos a Iker que se acerca de la mano de Carlos.

Lleva un abrigo de borrego con la capucha puesta que le tapa toda la cara, excepto sus enormes ojos de miel. Se ha soltado de la mano del acogedor y ha venido corriendo hacia mí. Le he cogido en volandas y le he dado un beso. Le sostengo en mis brazos hasta que los acogedores llegan a la puerta del hogar.

— ¡Puedo ir al parque a jugar!

— Sí, ve, ahora te aviso cuando se vayan Neus y Carlos para que te despidas de ellos.

— ¡Vale!

Pega un brinco y se va directo a los columpios.

Saludo a Carlos y a Neus que me entregan la maleta de Iker y una bolsa con juguetes. Neus se excusa en tono lastimero por haber tenido que cesar el acogimiento.

— ¡Hemos hecho todo lo que estaba en nuestra mano! pero ha sido imposible mantener la situación, Iker es un niño muy nervioso y difícil de controlar.

Carlos en cambio parece más sincero, expresa su

tristeza por no poder mantener a Iker con ellos, pero la realidad es que Iker ha sido un estorbo que, no les permitía seguir con su acomodada vida.

Les agradezco mordiéndome la lengua por no decirles una barbaridad, el tiempo que han tenido a Iker y les deseo irónicamente, que les vaya bien en su próximo acogimiento. Ya que me he enterado que van a proponerse de nuevo para acoger a otro niño, pero que solicitaron expresamente que fuera un bebe que no estuviera en proceso de reunificación. He pensado para mis adentros *"injusto es el mundo para estos niños"*, que se permite a estas familias elegir a la carta, como si fuera un supermercado, que si no me gusta el producto lo devuelvo.

En defensa de las familias de acogida he de decir que estos son casos aislados y que mayormente estas personas hacen una gran labor acogiendo voluntariamente a los niños.

Llamo a Iker para que se despida de Neus y de Carlos. Baja del columpio y viene corriendo a dar un abrazo a Carlos, después mira a Neus y dice secamente:

— ¡Agur!

Capítulo 14

Los monstruos de Iker Julio de 1992

Han pasado varios meses desde la vuelta de Iker al hogar. Parecía que se había adaptado muy bien, y que el paso por la familia de acogida no había tenido especial repercusión en él. Pero este último mes, Iker está manifestando más miedos nocturnos, se levanta a menudo por las noches llorando y gritando. Dice que unos monstruos quieren venir a por él y llevárselo.

El educador de noche trata de calmarle acompañándolo hasta que se duerme, pero los miedos de Iker se están extendiendo a más ámbitos de su vida. Él siempre ha mostrado un gran interés por el mundo que le rodea, le gustaba descubrir cosas nuevas y no dudaba en subirse a un árbol o tirarse en bicicleta por una cuesta. Pero tras la vuelta parece que algo oscuro se ha despertado en él.

No quiere montar en bici, ni jugar con otros niños del parque y prefiere estar sentado con nosotras. Reclama una atención continua del adulto y es difícil comprender qué está pasando por esa cabecita de casi 5 años. Iker repite continuamente que no quiere estar solo, que si se queda solo los monstruos vendrán a por él.

Como Iker es muy pequeño valoramos que no es momento de empezar un proceso terapéutico y que desde el hogar y con mi ayuda podemos intentar abordar los miedos de Iker.

Le he propuesto a mi jefa hacer un trabajo con *"los monstruos de colores"*.

Le explico a Iker que dentro de cada uno de nosotros tenemos monstruos, que a veces están enfadados y nos hacen hacer cosas que no nos gustan, pero que también tenemos otros monstruos que nos ayudan. Así que vamos a comenzar dibujando cuatro monstruos, cada uno de un color. Para que se anime a mostrar sus monstruos, yo misma dibujo los míos.

Esta técnica le ayudará a identificar cada emoción con un color, de esta manera será más fácil para él poder identificar sus emociones de manera gráfica. Le propongo que haga cuatro monstruos con cuatro colores diferentes, Iker empieza dibujando un monstruo amarillo y dice:

— Este me da la alegría.

Luego realiza el monstruo azul.

— Este me da pena.

Más tarde dibuja un monstruo totalmente negro con los ojos muy rojos y añade:

— Este no lo quiero mirar que me da mucho miedo.

Y finalmente hace otro monstruo de color rojo y mirándome a los ojos me lo entrega.

— Este sale cuando estoy muy enfadado.

Para ayudarle a que empiece a identificar los momentos de su vida diaria donde él cree que aparecen sus monstruos empiezo yo hablándole de los míos. Primero por los más sencillos para que él pueda entender la relación entre el color y el estado de ánimo, como la alegría y la tristeza, para no entrar directamente en lo que yo creo que le está perturbando, que presiento es algo más grave que la pérdida de la familia de acogida.

— Mi monstruo azul – le digo enseñándole un garabato al que he plantado unos enormes ojos- Siempre aparece cuando alguien me trata mal o cuando alguien querido está enfermo, porque me pongo triste.

Lo que ayuda a Iker a empezar hablar de los suyos. Saca su monstruo azul:

— Este se pone triste cuando su mamá no está.

Como veo que parece que está entendiendo, le propongo que demos forma a los monstruos haciéndolos
con calcetines rellenos.

Hemos pasado la tarde haciendo los muñecos, han
quedado muy graciosos. Cuando los hemos terminado,
Iker ha decidido que cada uno de ellos es un miembro
de su familia. Y sin más, empieza a representar escenas
familiares, en las que su madre es el muñeco azul, el de
su hermana amarillo, negro para su padre y para sí
mismo el muñeco de color rojo.

Pasa un rato con el amarillo y el azul, haciendo como
que juegan y se divierten. Al negro lo deja en una esquina mirando contra la pared.

Le pregunto por qué lo ha puesto de esa manera y
me responde:

— Con ese no quiero jugar, está castigado.

— ¿Y qué es lo que ha hecho para estar castigado? ¿Me lo quieres contar?

— ¡No! he dicho que está castigado y los niños que están castigados no pueden jugar.

— Está bien, seguiremos jugando con estos que parece que se lo están pasando muy bien.

— Estoy cansado, ya no quiero jugar más.

— Bueno, ¿Quieres que los guardemos para otro día?

— Vale, los voy a meter en una caja.

— ¿Al negro también lo metemos en la caja?

— ¡No, déjalo ahí!, aún no ha cumplido su castigo.

Recogemos los muñecos, dejando al negro mirando contra la pared en una esquina de la habitación y se marcha con sus compañeros a jugar a la sala.

Después de cenar nos quedamos un rato viendo la tele y en un momento dado, Iker que está a mí lado, me mira y me dice:

— ¿Podemos jugar con los monstruos?

— Le pregunto ¿No quieres seguir viendo la tele?

— ¡Quiero jugar con los monstruos! Me repite en un tono imperativo, tirándome de la mano para que me levante del sofá.

Me lleva a su habitación y esta vez va a por su monstruo rojo y a por monstruo negro. Me he quedado sorprendida y le he preguntado:

— ¿Ya no está castigado?

Iker no me responde y toma los dos muñecos y hace como que se pelean. Toma el negro y con él empieza a golpear al rojo con fuerza, entonces Iker pone voz al monstruo rojo diciendo:

— ¡Ay ay me haces daño!

La pelea sigue durante un rato, y siempre acababa

ganado el monstruo negro, mientras el rojo se deja pegar.

— Le digo a Iker ¿Sabes qué es lo que le pasa a tu monstruo rojo que no se defiende?

— Iker responde: Es que el monstruo negro es muy grande, fuerte y da mucho miedo.

— ¿Qué puede hacer tu monstruo rojo para poder ganar al negro?

Iker se queda pensativo un rato mirando su monstruo y al fin dice:

— ¡Necesita súper poderes!

Recuerdo haber leído en algún sitio una técnica, que ayudaba a los niños a descubrir sus capacidades y potencialidades a través de la creación de un Súper Héroe, ahora que Iker ha sido capaz de ponerse delante de su monstruo negro, lo que le asustaba de su padre, necesitará "poderes" y será bueno para él crear un sú-

per héroe que le ayude a enfrentarse sus miedos.

Capítulo 15

Entre tanto. 3 de agosto de 1992

Entre tanto mi vida y la de Iker parecen ir a la par, yo también tengo mis monstruos que me asustan, ahora me encuentro en ese momento de la vida en el que el monstruo que me persigue es el de *"se te va pasar el arroz"*. Qué expresión tan poco acertada, para decirle a una mujer que ya va siendo hora de sentar cabeza y tener una familia. Como si eso pudiera hacerme asentarla, más bien me volvería más loca aún.

Yo siempre respondo que es porque soy egoísta y no quiero dedicarle mi vida a otra persona, estar preocupada de por vida de una personita que haga lo que haga, por muy bien que quisiera educarle, al final le haría daño. Y después él me lo haría a mí, cuando fuera adolescente me odiaría y eso no lo podría soportar. Y si fuera una niña, noches en vela imaginando cosas horribles que le pudieran estar pasando.

Desde muy pequeña tuve claro que no quería ser madre. Y cuanto más mayor me hago y cuantos más niños conozco en mi trabajo, más clara aún está la decisión de no tener hijos.

Y pese a que se supone que hemos avanzado, en todo eso de los derechos de las mujeres, de la igualdad y patatín patatán, lo cierto es que cuando te acercas a los 30 y no tienes pareja ni hijos, la presión social y familiar es muy fuerte, y tienes que estar oyendo chorradas tipo *"aún eres joven, pero como no te des prisa"*, *"¿y no has pensado tenerlo sola?"*

Especialmente pesadas se ponen las que han sido madres primerizas, con sus discursos de lo estupendo que es ser madre, que es lo más maravilloso que le puede pasar a una mujer, que si el amor incondicional de una madre, que más bien es al revés.

Cuando los hijos crecen un poco, hay un período en el que las madres empiezan a quejarse y a decirte lo bien que has hecho por no tener hijos, que *"vaya suerte"*, *"todo el tiempo libre que tienes"* y *"no tienes que preocuparte de llegar a casa y tener que bañar a los niños o llevarlos a las actividades extraescolares"*. Como si las personas que no tenemos hijos no tuviéramos vida ni cosas que hacer.

Después siguen con la retahíla de si dejas pasar más tiempo *"ya no podrás tener hijos"*, *"bueno ahora hay muchos avances médicos y podrías inseminarte"*, *"es que vaya pena no cuando seas mayor que no haya nadie que te cuide"*. ¿Pero es que no ha quedado claro después de las trescientas veces que he respondido que no quiero tener hijos? Y además qué pasa, que la gente tiene hijos para que luego les cuiden cuando son mayores, eso sí que es egoísmo.

Sinceramente mi instinto maternal está suficientemente cubierto con mis niños, los que pasan por mi vida en el hogar. He tenido niños de todas las edades, desde bebes hasta adolescentes. Así que por fin con 25 años puedo decir que, no quiero ser madre y que no lo seré nunca, que una mujer no es más mujer por ser madre. Que sí, que muy maravilloso y todo ese rollo de lo bonito que es tener un hijo de tu propia sangre, pero a mí no me hace falta parir para sentirme realizada como mujer.

Bueno, a lo que iba, han pasado tres años desde la llegada de los hermanos, Iker cumplirá 5 años en octubre y yo 25.

Hoy tengo que trabajar y es mi cumpleaños, los niños me han preparado un cartel con dibujos y fotos y han hecho un bizcocho, que les ha quedado un poco duro, pero la intención es lo que cuenta. Así que he pasado un bonito cumpleaños. Entre todos han puesto dinero para comprarme una taza, soy muy cafetera y han puesto una foto de todos ellos en ella.

Capítulo 16

El retroceso de Martina diciembre 1992

Llevo tres años trabajando con Martina, la madre de Iker y Noha. Parecía que iba avanzando en su proceso terapéutico y en la separación emocional de su marido. Pero esta tarde he recibido la llamada de su terapeuta. Es una mujer joven, que lleva poco tiempo dedicándose a la terapia, y se involucra demasiado con sus pacientes, a Martina le tiene un especial cariño.

Como todos los terapeutas o educadores jóvenes, pensamos que podemos salvar a las personas con las que trabajamos. Hasta que con el tiempo nos damos cuenta de que no se puede ayudar a quien no quiere ser ayudado.

El caso es que Carla, la terapeuta, me ha llamado preocupada porque no sabe nada de Martina, que ha faltado a las dos últimas sesiones que tiene estipuladas semanalmente.

Descuelgo el teléfono y escucho la voz dulce y aterciopelada de la terapeuta.

— Dime Carla, ¿Qué ocurre?

— Verás, es que Martina lleva varias sesiones sin acudir a terapia, he intentado contactar con ella, pero no me coge el teléfono - dice visiblemente preocupada.

— ¿Qué me dices? Qué raro porque ella sigue acudiendo regularmente a las visitas con los niños y realiza llamadas todos los días para hablar con ellos.

— ¿Podrías hablar tú con ella?, para ver si ha ocurrido algo, si necesita ayuda.

— No te preocupes, esta tarde que tiene llamada con los niños hablo con ella y con lo que me diga me pongo en contacto contigo.

— Muchas gracias Alma, te lo agradezco.

— De nada Carla, y estate tranquila, Martina es

adulta y ella tiene que responsabilizarse de su vida. Nosotras solo podemos estar ahí para acompañarle.

— Si, tienes razón, a veces me involucro demasiado en mi trabajo.

— No pasa nada, es normal, a mí pasa con los niños, deformación profesional.

— Carla se ríe y dice, está bien, cuando tengas noticias hablamos.

— Hasta entonces, un abrazo.

Esta misma tarde he llamado a Martina. He tenido que insistir varias veces, hasta que por fin a la cuarta llamada me ha cogido el teléfono.

— ¿Sí quién es? Sabía perfectamente que era yo quien le llamaba. Su voz sonaba débil, como apagada.

— Hola Martina, soy Alma, ¿Qué tal estás?

— Bien. responde secamente.

— ¿Ocurre algo? Me ha llamado Carla y me ha dicho que no estás yendo a las sesiones de terapia.

Después de un largo silencio:

— Estoy bien, no pasa nada. Es que me da pereza ir.

— ¿Estás segura de que no pasa nada? Estamos para ayudarte. Si te encuentras en apuros cuéntamelo y buscaremos una solución.

Martina comienza a llorar, después silencio y después oigo como solloza.

— Tranquila Martina, respira, seguro que no es tan grave.

— Sí que lo es, dice con la voz entrecortada.

— Está bien Martina, veo que en estos momentos estás muy nerviosa para poder hablar, qué te parece si nos vemos esta tarde, necesito saber qué está pasando para poder ayudarte.

— Está bien Alma, me paso esta tarde por el hogar.

Sigue sin poder parar de llorar.

Cuando la veo acercarse por la plaza observo que camina lentamente cabizbaja, le sonrío, pero ella no me devuelve la sonrisa. Pienso que algo realmente grave está pasando. Vamos a la sala de visitas y le ofrezco una infusión, se le ve que está nerviosa y evita cruzar la mirada conmigo. Acepta la infusión y me siento a su lado. Al acercarme a ella, rompe a llorar desconsolada.

Yo no entiendo nada, la abrazo y me quedo con ella intentando que se calme, diciéndole "seguro que no es tan grave, sea lo que sea lo que esté pasando te vamos a ayudar".

Al cabo de un buen rato me pide un pañuelo para secarse las lágrimas, y mientras lo hace me mira por primera vez, sus ojos están hinchados y su cara pálida. Le pregunto si se siente más tranquila y si puede explicarme qué está ocurriendo.

— Alma, me dice mirándome fijamente a los ojos, tengo miedo de contártelo, porque si lo hago a lo mejor me quitan las visitas con los niños.

— Sea lo que sea te ayudaremos. ¿Qué ocurre Martina? Yo ya estaba empezando perder la paciencia, y mi tono ha debido sonar contundente porque ella ha agachado la cabeza y me ha dicho:

— Alma ¡He vuelto a consumir!

Lo cierto es que me ha pillado por sorpresa, imaginaba que podría haberla fastidiado gastándose el dinero de la ayuda en apuestas o en bares, pero lo de que había empezado de nuevo a consumir drogas no me lo esperaba, tampoco tenía noticia de que había sido consumidora los años que vivió con su marido. Así que me quedo callada sin saber muy bien qué decirle.

Ella asustada dice:

— ¡Ves cómo es grave! y ahora se lo contarás a tu jefa y me quitarán las visitas con los niños. Martina empieza a llorar desconsoladamente.

Está claro que tengo que informar de esto, y que seguramente se van a paralizar las visitas hasta que ella no acuda a un centro de desintoxicación, pero no quería asustarla así que le he dicho que veríamos qué se podía hacer para que eso no ocurriera y pudiera acudir a las visitas.

— Martina, voy a decirte claramente las opciones que tienes. Retomar la terapia y dejar de consumir.

Yo sé que se van a suspender de inmediato las visitas, pero prefiero esperar un poco a decírselo, para darme tiempo a informarme bien de cuál es el protocolo de actuación en estos casos.

Martina deja de llorar, y me dice con un tono de voz casi inaudible:

— Hay algo más... algo peor.

¡Más cosas!, yo me tiraba de los pelos, después de cuatro años trabajando, en los que parecía que Martina iba avanzando, resulta que nos ha engañado a todos.

— ¿Qué es Martina?, ¿Qué es algo peor que volver a tomar drogas?

— Ahora no te lo puedo decir, porque no quiero que se entere la Diputación.

— ¡Martina! ¿En qué lío te has metido? Puedes contármelo, a lo mejor puedo ayudarte.

— No insistas Alma, no te lo voy a contar.

— Bueno Martina, como veas, pero por favor no te metas en más problemas. Porque al final no vamos a poder ayudarte.

— ¡Ya me las apañaré yo sola!

— Está bien Martina, tranquila, ya sabes que si necesitas ayuda puedes contar con nosotros.

— Si, lo sé, perdona Alma, estoy muy asustada. Gracias por atenderme. Pero ahora me tengo que ir.

— ¿Seguro que no quieres contarme lo que te pasa?

— No, es mejor que no se entere nadie.

— Me estás preocupando Martina.

— Déjalo Alma, no insistas.

— Está bien, pero prométeme que llamarás a Carla y retomarás la terapia.

— Vale, te lo prometo.

Capítulo 17

El despertar sexual de Noha febrero de 1993

En enero llegaron al hogar tres niños nuevos, son hermanos; el mayor tiene 12 años, el mediano 10 y el pequeño 6. Proceden de Mali, pero llevan varios años viviendo en España.

La familia había sido intervenida por los servicios sociales, ya que desde el colegio habían detectado que los niños acudían muy sucios, sin haber desayunado y con conductas inadecuadas; faltas de respeto continuo tanto hacia sus profesores como con sus iguales.

Destacaban la falta de límites y la escasa tolerancia a la frustración que presentaban. Estos niños pasaban la mayor parte del tiempo en la calle y la única comida que tenían era la que proporcionaba el comedor escolar.

La madre vive sola en un pequeño apartamento y sus tres hijos dormían juntos en un colchón en el suelo. Por lo que se decidió que debían salir del domicilio.

Como en nuestro hogar se quedaron tres plazas libres porque hace un mes que han regresado tres niños a un piso de adolescentes, los ingresaron de urgencia. Esto ha supuesto para el equipo y para el resto de niños que viven en el hogar una bomba de relojería que, yo creo no va tardar en estallar.

Noha ya tiene 10 años, y desde hace tiempo está mostrado conductas seductoras hacia personas adultas con las que tiene relación, como profesores o los educadores del hogar. Este comportamiento está más o menos controlado con la terapia y las intervenciones del equipo, pero debido al pasado de abusos que lleva a cuestas, su despertar sexual se ha activado más aún tras la llegada de los hermanos. Especialmente con la relación que ha establecido con el mediano, Omar.

Los hermanos llevan un mes en el hogar, y esta tarde después de comer, Noha y Omar estaban viendo la tele en el salón conmigo, me he ausentado un momento para atender una llamada, he tardado unos cinco minutos en terminar de hablar, cuando he regresado al salón me he encontrado una escena que se me va quedar grabada en mi mente para siempre.

Noha estaba tumbada en el sofá, tenía la falda levantada y se había bajado las braguitas, Omar a su lado miraba con asombro lo que Noha le estaba enseñando.

Me he quedado muda durante unos segundos y cuando he reaccionado le digo:

— ¡Noha, haz el favor de vestirte y acompáñame al despacho!

La niña como si de algo normal se tratara, se ha vestido y me ha seguido hasta el despacho donde se encontraba mi compañera, su tutora. Le pido a Noha que nos explique qué es lo que estaba haciendo y por qué lo había hecho.

Ella sin ningún tipo de remordimiento ni culpa dice:

— Es que Omar es mi novio y los novios hacen esas cosas. Me lo enseñó mi papa.

Capítulo 18

Las cosas peores de Martina marzo de 1993

Suena el teléfono y coge mi compañera, Andrea.

Estamos en el despacho aprovechando un rato que nos han dejado los niños para hacer informes.

Por su mirada he sabido que es Martina quien llama. Desde la última vez que estuvimos, en diciembre, que no me quiso contar lo que le pasaba, no había tenido contacto con ella. Ya que las visitas con Iker y Noha se habían suspendido temporalmente, hasta ver la evolución de la madre.

Mi compañera tapa el auricular del teléfono y dice en un tono bajo:

— Es Martina y está llorando.

Cierro la puerta del despacho y le pido a Andrea que

atienda a los niños.

Cuando cojo el auricular oigo como Martina solloza.

— ¡Hola Martina! ¿Qué tal te encuentras?

Después de un largo silencio ella empieza a hablar entrecortadamente.

— ¡Cálmate Martina!, no estoy entendiendo nada de lo que me estás diciendo.

Ella sigue hablando entre lloros y yo no llego a comprender nada de lo que me está contando.

— Estamos para ayudarte, dime qué es lo que pasa.

Como no consigo que deje de llorar y de hablar sin sentido, yo ya me estaba poniendo de mal humor así que le he dicho seriamente:

— ¡Martina basta ya!

Ella se ha callado de repente.

— ¿Podemos quedar y te lo cuento tranquilamente? dice un poco más relajada.

Esta misma tarde Martina acude de nuevo al hogar para hablar conmigo.

Parece que está más serena, se ha maquillado, lo que disimula un poco las profundas ojeras. Viene desaliñada.

Le pido que se siente y le ofrezco una tila que declina poniendo cara de asco. Me siento a su lado y le pido que me cuente qué pasa. Me mira a los ojos, comienza a llorar y dice:

— Estoy embarazada.

Lo cierto es que no me ha sorprendido demasiado ya que esto suele ser habitual en madres con niños en hogares de acogida.

Calculo en mi mente cuándo ha podido ser, en diciembre me dijo que había algo más grave, es decir que ¡Ya estaba embarazada! ¡Será insensata! no me lo ha dicho hasta ahora porque ya no se puede interrumpir el embarazo. ¡Yo la mato!

—Fui a visitar a Jose a la cárcel en diciembre y tuvimos un bis a bis, sé que no tenía que haberlo hecho, soy una inútil. El insistió tanto que no pude negarme.

Desde luego hay que tener mala suerte o ser una inconsciente para quedarse embarazada. Trato de no mostrar mi enfado, porque por dentro he sentido tal rabia que le hubiera pegado.

Respiro hondo y en el tono más sereno que he podido encontrar le digo:

—Te ayudaremos, no te preocupes, todo tiene solución.

—No sé cómo ha podido pasar, tomamos precauciones, dice desconsolada.

—¿Qué tipo de precauciones? Pregunto por curiosidad.

—La marcha atrás como siempre, responde como si yo fuera tonta y no supiera que esa era la mejor manera para no quedarse embarazada.

Yo no sé si reírme o llorar.

—¿Has tomado una decisión de lo que vas hacer?

—¡Por supuesto! lo tendré, ya estoy de tres meses, mira se me nota un poco la barriguita, responde emocionada.

—¡Sí, está claro!, - le digo muy enojada, pero me refería a qué vas hacer cuando nazca, los Servicios Sociales intervendrán, porque ya tienes dos niños en acogimiento.

—¿Me lo pueden quitar? ¿Ves?, por eso no te lo

quería decir porque ahora informarás de esto a la Diputación. No tenía que haber venido...

En este momento prefiero no explicarle que en cuanto nazca el niño la Diputación intervendrá.

Como ya tiene dos hijos en acogimiento, automáticamente si tienes otro, para empezar, acudirá un educador a su casa para valorar las capacidades marentales de Martina para poder criar a ese niño, seguido de una valoración psicológica, porque se entiende que si sus hijos están acogidos es porque la madre o la familia biológica no están capacitadas para atenderlos.

— Es una situación complicada, Martina...

— ¡Complicada! Voy a tener este hijo y nadie me lo va quitar. Si es necesario me marcho del país.

— Vamos a mantener la calma. ¿Has ido al médico para que te hagan seguimiento?

— No y no voy a ir, estoy bien.

— Me parece que no estás tomando decisiones

adecuadas, yo tengo que informar de esto, ya lo sabes. Te podemos ayudar.

—No quiero vuestra ayuda, ya me habéis quitado dos hijos, este no lo va tocar nadie.

—¿Entonces para qué has venido? ¿Para qué me lo cuentas?

Estoy empezando a perder la paciencia.

—Porque estoy sin dinero.... y vosotros tenéis que ayudarme.

—Tienes que hablar con las educadoras del piso donde estás acogida, ellas pueden ayudarte a gestionar las ayudas económicas.

Se queda en silencio un rato y al fin dice:

—Ya no estoy allí, me han echado, solo porque me pillaron que estaba consumiendo.

—¡Martina! ¡Estás embarazada! ¡Estás loca o qué!

Me levanto dando un fuerte golpe en la mesa. Pierdo los nervios por un momento.

— Bueno me vas a dar dinero o qué.

No reconozco a Martina, se muestra arisca, irritable, las pupilas dilatadas y está muy inquieta, estoy segura de que algo se ha tomado y lo único que quiere es dinero para comprar más droga.

—Lo siento mucho Martina, pero en eso no te puedo ayudar, te recomiendo que vuelvas al centro de desintoxicación, es el único sitio donde te van a poder ayudar.

—Además – le digo- si sigues consumiendo, date cuenta que estás poniendo en peligro la vida de tu bebé.

Hace caso omiso a mis palabras y responde enfurecida.

— ¡Pues vale, no me quieres ayudar, pues me marcho!

— ¡Martina! Tus hijos te echan de menos.

— Ya tienen quien les cuide...

Sale por la puerta dando un golpe, gritando improperios contra la Diputación y las instituciones que les roban a sus hijos.

Capítulo 19

Incidencias 9 de abril de 1993

La llegada de los tres hermanos al hogar está suponiendo un gran esfuerzo de trabajo para todo el equipo. Están siendo semanas de contenciones y puesta de límites. Estos niños han vivido en la calle, sin nadie que les dijera lo que tenían que hacer.

No son capaces de aceptar ninguna norma, y cada día es una pelea continua para que hagan lo mínimo. En cuanto se les frustra saltan en cólera, si no es uno es el otro. Y esto inevitablemente influye en el resto de niños y educadores del hogar. Estos comportamientos están enrareciendo el ambiente. Se les nota a todos más nerviosos y alterados.

Ahora tenemos ocho niños de 5 a 12 años y a menudo solo estamos dos educadores en cada turno, de 8 horas entre semana y 24 horas los fines de semana.

Así que si un niño se pone nervioso y hay que atenderlo se queda una sola educadora con el resto para ducharlos, darles de cenar, meterles en la cama, hacer las llamadas con los padres, escribir el diario del día, hacer las cuentas... que, si tienes la suerte y están tranquilos, más o menos puedes llevar la situación. Pero no es lo habitual. Lo normal es que los demás aprovechen la coyuntura para liarla también.

Por las noches a menudo es necesario contener físicamente a los niños. Están enfadados porque su madre los ha abandonado. Son continuos los gritos, insultos y hasta golpes a los más pequeños, como a Iker.

Esta tarde estoy de turno, mientras estábamos en el despacho uno de los hermanos, Hamer, ha comenzado a eructar en la puerta del despacho.

— ¡Deja de hacer eso!, es una falta de respeto, le digo mientras él sigue eructando.

— Paso de ti zorra.

—Como sigas con esa actitud tendrás que cenar solo, porque los cerdos no se sientan a la mesa.

Visiblemente enojado me contesta:

—La cerda serás tú, y además me da igual porque no quiero cenar.

Se marcha a la sala donde se encuentran el resto de compañeros. Me levanto y le sigo.

—¡Sal de la sala!, le digo con la paciencia al límite, intentando mantener la calma.

En ese momento comienza a lanzarme objetos, primero un cojín. Mando al resto de niños que vayan a sus cuartos. Entonces Hamer coge una silla y me la lanza. Ha pasado muy cerca.

—Más vale que te calmes un poco o tendré que llamar a la policía.

Me marcho de la sala a atender al resto de los niños que, aunque está mi compañera Andrea, es la hora de la cena y las duchas y no puede atender ella sola a los otros siete. Él sigue en la sala lanzando objetos contra la pared, tirando libros al suelo y gritando insultos hacia mí.

Cuando terminan de cenar los demás, Hamer parece haberse calmado un poco y entro en la sala para hablar con él.

—¿Estás más tranquilo?

—No, vete no quiero hablar contigo.

Yo hago como que no le he escuchado.

—Cuando recojas todo lo que has tirado puedes ir a cenar.

—No pienso recoger nada, no tengo hambre, me da igual. Se queda sentado en la sala con los brazos cruzados.

Le dejo la cena durante media hora y como no quiere recoger, se la retiro y le dejo un yogur y una manzana.

Al cabo de un rato sale de la sala y viene al despacho.

— ¡Tengo hambre! ¡Dame la cena! dice de manera imperativa.

— Sin darme la vuelta le digo, si has terminado de recoger lo que has tirado, en la cocina tienes un yogur y una manzana.

Da un puñetazo a la puerta del despacho y se marcha a la habitación donde está su hermano durmiendo y enciende la luz.

Me levanto y voy a apagarle la luz. Y él vuelve a encenderla, cada vez que yo la apago él la vuelve a encender. Se sube a la cama y comienza a lanzarme las sábanas y como no tiene bastante coge la escalera de la litera y me la tira. Con suerte que no tiene mucha fuerza y cae en suelo con estrepitoso ruido.

Después baja y coge una maleta y empieza a meter su ropa diciendo que se marcha del hogar. Me pongo delante de él para que no pueda salir de la habitación.

Mientras tanto Noha que duerme en la habitación de al lado, no para de salir a ver qué está pasando, gritando que no puede dormir. Los pequeños están en la cama y el resto en la sala viendo la tele. Andrea va atenderla y yo me quedo con Hamer en la puerta de su habitación. Él comienza a forcejear conmigo y como no puede pasar me da una patada. Le sujeto los brazos por detrás y le digo:

— No pienso soltarte hasta que no te calmes.

En el trabajo nos enseñan técnicas de contención, para que podamos inmovilizar a los niños, si se ponen espacialmente violentos.

— ¡Suéltame cabrona! ¡Te voy a matar asquerosa!

— ¡Tranquilízate! no voy a soltarte, tendré que llamar a la policía si no te calmas.

— ¡Eso llámales! Ya les voy a decir que me has pegado.

Hamer ya tuvo un incidente la semana pasada en la que tuvieron que venir los sanitarios porque se puso muy agresivo.

Al cabo de unos diez minutos sujetándole, yo ya me empiezo a cansar, menos mal que noto que él relaja un poco sus músculos y aflojo un poco la contención.

— ¿Estás más calmado para que te pueda soltar?

— Sí, dice casi en un susurro. ¿Puedes dejar la luz del pasillo encendida?

— ¡Está bien, metete a la cama!

Coge una manta y se tira en el suelo.

— ¿Piensas dormir ahí?

No dice nada y se tapa la cara con la manta.

Es la hora de marcharme ya que viene el educador de noche. Le explico lo sucedido. Por la mañana me pongo en contacto con el hogar para ver qué tal ha pasado la noche. El educador de noche me cuenta que Hamer se ha levantado llorando y que le ha dicho que tenía hambre. El educador le ha explicado que era responsabilidad suya el no haber cenado. Hamer entre sollozos le ha dicho al educador que echaba de menos a su madre.

Capítulo 20

El súper héroe de Iker mayo de 1993

La llegada de los tres hermanos no está afectando de la misma manera a Iker que al resto de compañeros. Iker ha trabajado mucho con su súper héroe y los miedos nocturnos han desaparecido. Se siente fuerte y capaz de cualquier cosa.

En octubre cumplirá 6 años. Por otro lado, también ha descubierto su parte tierna, y es capaz de pedir afecto y darlo cuando otra persona lo necesita.

Los tres hermanos tienen la misma cantidad de falta de límites como de carencias afectivas. Y como Iker es tan cariñoso, ellos se han permitido serlo, al principio con él y más adelante con los educadores.

Iker se acerca a ellos sin miedo, es capaz de detectar

el sufrimiento de estos niños, cuando se muestran rabiosos por sentir que su madre les ha abandonado o tristes por la impotencia de estar en un sitio en el que no quieren estar. Se pone a su lado y a veces hace monerías para que los demás se rían.

Iker es muy sensible y no le gusta que la gente esté triste o enfadada.

Otras veces simplemente se acerca a ellos y los abraza. Lo que al principio los desconcertaba, pero ha sido lo que ha ayudado a estos niños a abrirse emocionalmente y ser capaces de recibir afecto de un adulto.

Parece que Iker tiene como un sexto sentido, desde pequeño tenía ese don de detectar las emociones de los demás y de lo que cada uno necesitaba. Sin hacer nada es capaz de calmar a los que están rabiosos o enfadados y de alegrar a los que están tristes. Esta sensibilidad también se extiende a los animales, con los que tiene una conexión muy especial, es casi como si pudiera entender lo que le dicen.

Iker es capaz de sacarte una sonrisa incluso en los peores días. Le pasa lo mismo en su relación conmigo. Momentos en los que yo no tengo un buen día, él sin ni siquiera tener que hablar se acerca gritando mi nombre y saltando para que le coja en brazos. Me abraza muy fuerte y me da un beso, lo que inevitablemente me hace sonreír.

Capítulo 21

Una familia izeba para Noha 12 de junio de 1993

Tras la conversación con Martina en marzo, llamé al centro de desintoxicación al que acudía, para ver si había estado yendo y para informarles del nuevo embarazo de la madre. Desde el centro me informaron que no se había presentado a las sesiones de grupo que tenía estipuladas y que únicamente había estado el día que yo la acompañé.

Les expliqué a mis compañeros la nueva situación de Martina. Me había mentido y no había llamado a Carla, por lo que tampoco estaba acudiendo a las sesiones individuales. Se decidió seguir manteniendo en suspenso las visitas con los niños, hasta que Martina retomara la terapia.

Noha e Iker se sienten molestos y trises porque llevan seis meses sin poder ver a su madre y se lo hacen ver en las llamadas que ella sigue realizando diariamente. Cuando llama intento que me pase el teléfono, pero ella cuelga en cuanto oye mi voz.

Noha cada día se muestra con mayor inquietud y con más conductas sexualizadas, dentro y fuera del hogar.

La orientación del caso de Iker y Noha es la de reunificación familiar, pero debido a la situación de Martina, no se puede seguir trabajando en esa dirección, por lo que es necesario cambiarla y proponer *"orientación a familia de acogida permanente"*. Este cambio se tiene que solicitar en el informe semestral que se presenta a la Diputación, pero el siguiente informe de Noha es para dentro de cinco meses, por lo que se ha decidido que la niña puede beneficiarse del programa Izeba, mientras tanto.

Este programa está formado por personas voluntarias o familias que ofrecen su tiempo para pasarlo con niños que se encuentran en acogimiento residencial. Se empieza pasando tardes y si se establece una buena relación se puede pasar fines de semana o incluso varios días en períodos vacacionales. Pensamos que hasta que no se vea cómo evoluciona Martina, será bueno para Noha un espacio fuera del hogar.

Iker está más tranquilo, es capaz de expresar que está enfadado con su madre porque no viene a verlos, y parece entender que su madre no está bien y que necesita curarse para poder estar con ellos. Por lo que pensamos que no le hace falta este recurso.

Me he puesto en contacto con la coordinadora del programa y en menos de una semana ya ha encontrado una pareja interesada.

Me he reunido con ellos esta tarde para conocerlos y explicarles cómo es la niña, en qué situación se encuentra y cuáles eran sus necesidades en este momento.

Cuando abro la puerta del portal para recibirles me parece ver dos ángeles. Son altos, jóvenes, esbeltos, elegantes, tendrán unos 35 años. La mirada de ella es dulce, viste una blusa de seda blanca, unos vaqueros y unas sandalias que dejan ver una perfecta pedicura. Lleva un fino colgante de oro a juego con unos diminutos pendientes de aro. El viste elegantemente, con una camisa celeste, unos pantalones de lino y unas sandalias de cuero.

Delia, que es como se llama ella, se acerca y me da dos besos, huele a rosas.

—— Yo soy Delia y este es mi marido Martín, dice mirándole con cariño.

Él acerca la mano para saludarme.

—— Encantada digo, yo soy Alma, hemos hablado por teléfono esta mañana. ¿Qué tal, animados para empezar esta aventura?

—Es la primera vez que hacemos esto, dice Delia visiblemente emocionada.

—Sí, añade Martín, estamos muy contentos, aunque un poco nerviosos.

—Es normal, las primeras veces siempre cuesta, digo para que se relajen un poco, porque están como dos flanes.

Los dos se ríen al unísono.

Presiento que estos dos Ángeles han venido para salvarles la vida de Iker y Noha.

—Nosotros no tenemos hijos, dice Delia. Sopesamos la posibilidad de acoger a un niño, pero una amiga nos habló de este programa y nos hemos decidido a empezar poco a poco.

Les hago pasar a la sala de visitas, hablamos durante un buen rato sobre en qué consiste el programa, aunque Micaela la coordinadora ya se ha reunido con ellos y más o menos tienen claro lo que da de sí el programa Izeba. Igualmente les hablo de Noha, un poco por encima, ya que siempre es mejor que conozcan a la niña sin mucha información que pueda asustar a las familias. Sí que les explico el tema de las conductas sexualizadas y cómo pueden abordarlas en caso de que surjan.

Preguntan si pueden verla hoy. Su tutora ya le ha explicado que vendría una familia a conocerla y que si quería podía empezar a salir con ellos una tarde a la semana, que le llevarían hacer cosas divertidas. Noha se ha mostrado contenta, aunque no muy ilusionada y ha preguntado si podría ir su hermano también. Se le ha explicado que es algo para ella y lo ha aceptado bien.

Bajamos a la primera planta que es donde esta nuestro hogar y pido que llamen a Noha para que salga a conocer a Martín y a Delia. La niña tarda un rato en salir, y por supuesto el resto de niños, incluido Iker salen a ver quiénes son los que han venido.

Iker aparta a los demás y asoma su cabecita por debajo de las piernas de los otros que se agolpan en la puerta, consiguiendo salir y con su descaro habitual les pregunta:

— ¿Noha se va ir a vivir con vosotros?

Delia se agacha hasta la altura de los ojos de Iker y le contesta con su dulce voz:

— Sólo vendrá a pasar algunas tardes con nosotros.
— ¡Yo también quiero ir! - dice Iker un poco enfadado, cruzándose de brazos.

Delia sigue en cuclillas frete a Iker.

— ¿Y tú quién eres? - Pregunta Delia apartándole cariñosamente el flequillo de la frente.
— Yo soy Iker, y Noha es mi hermana, y quiero ir con ella, ¿Me lleváis a mí también?

Delia y Martín me miran sorprendidos, no sabían

que Noha tuviera un hermanito en el hogar.

Les digo a todos que entren dentro, incluido Iker, que se muestra reacio a dejar que Noha pueda salir. Delia se queda un momento para despedirse de Iker, que sigue sin querer entrar en casa. Está claro que ya ha conquistado su corazón sin remedio.

Bajamos a la plaza para que estén uno rato juntos Delia, Martín y Noha.

Los observo durante media hora jugando en el parque, parece como si se conocieran de toda la vida. Delia se muestra tremendamente cariñosa con Noha, que, aunque ya tiene 10 años busca mucho el contacto, abrazos, besos, y se ve que Delia tiene mucho amor para dar.

Por otro lado, Martín se muestra más distante al principio, pero ha sido capaz de conectar con la niña hablando de música, él conoce los gustos de los jóvenes, ya que tiene una discográfica y un estudio de grabación, uno de sus hobbies cuando no tiene que trabajar en la imprenta. Han pasado un bonito rato escuchando música en el walkman de Noha.

Al finalizar la visita le pido a Noha que se quede un momento en el parque, para poder hablar un rato con Delia y Martín.

— ¿Qué tal?, ¿Habéis estado a gusto con Noha?

— ¡Sí! Contestan los dos a la vez. Hasta para eso parece que estén compenetrados.

— ¿Cuándo podremos pasar la primera tarde con ella? Pregunta Martín, visiblemente emocionado, por la conexión que ha tenido con la niña.

— Este mismo sábado, si os va bien, podéis recogerla por la mañana y traerla después de cenar.

— ¡Sí!, volvieron a contestar al unísono.

Martín y Delia se despiden de Noha en la puerta y se

dirigen hacia el coche.

Esta semana fui a visitar su casa, ya que cuando se inicia el programa izeba o de acogimiento, tenemos que verificar que el domicilio cumple las condiciones exigidas para que acudan los niños. Si tiene una habitación para Noha, las condiciones de la vivienda etc.

Viven a 20 minutos del centro, en una preciosa finca rústica situada en un pequeño monte muy cerca de la ciudad, que goza de increíbles vistas sobre el mar. Las paredes son de piedra con grandes ventanales. Tienen un porche como los de las casas americanas, con una mecedora en la puerta, muchas flores de colores rosas y blancas, con una gran zona ajardinada frente a la casa.

Tienen un caballo que se llama King, es un cuarto de milla de 20 años que rescataron de un refugio, le han construido una pequeña cuadra y lo quieren como a un hijo. La finca tiene 2 hectáreas de terreno y espacio para que King pueda correr, el resto de años que le queden por vivir en aquel lugar mágico con estas maravillosas personas.

Comprar esa finca era un sueño que tenían desde hacía tiempo y la han adquirido, no sin esfuerzo, hace dos años, después de trabajar muchos años en una imprenta. Es una empresa de la familia de Delia, pero Martín es el que lleva la gestión, mientras que Delia se dedica al trabajo de imprenta, de la comunicación con clientes y proveedores se hace cargo la hermana de Delia.

Siempre que llegan a casa sale Otto a recibirles corriendo, meneando la cola cuando oye el sonido del coche acercándose. Otto es un labrador marrón que tiene seis años, lo tienen desde que era cachorro y es un miembro más de la familia. Se acuesta con ellos a los pies de la cama todas las noches, hasta que sus dueños se duermen, entonces se marcha a su camita. Como viven los tres solos, Otto tiene un cuarto para él, con una gran cama donde se espatarra y se queda ahí hasta que oye a Delia levantarse por la mañana y se queda sentado en la cocina meneando la cola con sus ojitos de pena, esperando su trozo de pan duro, que Delia siempre le da a escondidas mientras ella se prepara el café.

Es casi la hora de comer para cuando llegan a casa. Como están de vacaciones Martín prepara la comida. A los dos les gusta mucho cocinar, sobre todo comida asiática, china, japonesa, india... cualquiera les vale. Pero la especialidad de Martín es el Tandory chicken. Aprendió a cocinar comida hindú en un viaje a la India en el que se pasó dos meses de mochilero con dos amigos cuando cumplió los 18, desde entonces se ha interesado siempre por la cultura y la gastronomía de ese país.

Aunque tienen un gran comedor con sillas estilo provenzal, solo lo usan en celebraciones o cuando invitan a amigos a comer, cosa que es muy habitual en los meses de verano. Ellos prefieren hacer vida en la cocina, disfrutan de cocinar juntos. Se les percibe una gran compenetración entre ambos, un amor y respeto mutuos.

Se conocieron en la universidad y desde entonces siguen juntos.

El caso es que Martín decide cocinar. Delia se muestra callada y pensativa. Él sabe perfectamente lo que su mujer le va a proponer. Así que mientras corta el pollo y preparaba las especias, ella deambula por la cocina, recogiendo platos, picando algo… hasta que Martín le dice con una risilla:

— ¡Venga suéltalo ya!

Delia abraza a su marido por detrás y apoya la cabeza en su hombro, con una mirada incluso más convincente que la de Otto, le dice:

— ¡Me he enamorado de ese niño! el hermanito de Noha, cómo vamos a llevarnos solo a ella y que Iker se

quede solo, esperando a que llegue su hermana contándole las cosas divertidas que haya hecho.

Martín que, aunque sabe que Delia le iba a pedir
eso, no está muy convencido, le responde sin mucha
esperanza de convencer a su mujer:

— No tenemos experiencia en cuidar niños, - responde Martín en un vago intento de disuadir a su mujer.

— ¡Claro que sí! ¿Qué hay de nuestro sobrino?, pasamos mucho tiempo juntos y él lo pasa muy bien.

— Si, maitia, pero eso es distinto.

— ¡Qué va ser distinto! Un niño es un niño, no
puede haber mucha diferencia.

Martín tiene más razonamientos lógicos preparados
para intentar convencer a su mujer, pero sabe que
cuando ella, a pesar de que es una persona sensata y
no suele hacer las cosas sin pensar, algunas veces se

deja llevar por la emoción, así que sabe que ningún razonamiento convencerá a su mujer de cambiar su decisión.

Esa manera infantil que tiene Delia de dejarse llevar por las emociones, es lo que le había hecho enamorarse de ella. La adora y sabe que, si no accede a sus deseos, ella sufrirá y eso es lo último que él querría.

A última hora de la tarde recibimos una llamada de Delia, que me cuenta la conversación que ha tenido con Martín.

— Hola Alma, quería comentarte algo que he estado hablando con Martín.

— Dime Delia ¿ocurre algo? ¿Tenéis problema para venir el sábado? Digo disimulando, ya que yo ya sé perfectamente lo que me va a decir, por cómo había conectado con Iker, pero dejo que ella me lo pida.

— ¡No no, tranquila no es eso! Veras es que nos hemos quedado con la pena de que Iker no pueda venir también con nosotros.

—Ya, entiendo, pero en principio lo habíamos pensado solo para Noha por las necesidades que tiene, no obstante, lo llevaré a la reunión de equipo para hablarlo y valorar si es conveniente para los hermanos.

—Nos haría mucha ilusión poder estar con los dos, pero entenderemos la decisión que el equipo educativo tome.

—Está bien, mañana tenemos reunión de equipo, se lo plantearé a los educadores y a Esther y os informo con lo que se decida.

—¡Muchas gracias Alma!, dice emocionada.

Capítulo 22

Hay que tomar una decisión 13 de junio 1993

Esta noche no he conseguido pegar ojo, hace un calor sofocante, los mosquitos revoloteando en mi oído, y la preocupación sobre qué decidirán en la reunión sobre la participación de Iker en el programa izeba, me ha pasado la noche en vela.

A las siete de la mañana cuando ya me aburro de dar vueltas en la cama, me levanto desayuno y me voy a dar un paseo a ver si me espabilo.

Salgo de casa sobre las ocho y media, sigue haciendo mucho calor y me voy en moto. Los pocos días calurosos que hay en esta ciudad me gusta aprovechar y salir en moto, sin cazadora en manga corta, es una sensación agradable.

La reunión se está alargando más de la cuenta y

queda poco tiempo para acabar y yo aún no he podido hablar de Iker, que está el último en la lista. Así que espero impaciente a que me toque el turno para sacar el tema. Yo sé que parte del equipo no va estar de acuerdo en que Iker participe en el programa izeba, así me he preparado muy buenos argumentos para convencerlos.

Por fin llega mi turno, expongo la situación mirando a mi jefa a ver qué cara pone.

—Recibimos una llamada de Delia ayer por la tarde, han solicitado que Iker pueda participar en el programa Izeba. Digo sin más preámbulos.

—No creo que sea lo adecuado en estos momentos. Responde Esther, mi jefa, tajantemente frunciendo el ceño. Pero vamos a ver qué opina el equipo.

—Yo pienso que está pensado para Noha y además después del acogimiento fallido de Iker, si este sale mal... dice una de las secuaces de Esther.

—— Pues yo creo que, aunque el acogimiento de Iker falló, esto es algo distinto, y los hermanos pueden compartirlo juntos. Creo sinceramente que es una buena opción para ambos, más si cabe cuando la familia ha insistido en que quieren tener a los dos. Cosa que no suele ocurrir muy a menudo -respondo.

—— Es cierto dice Andrea, apoyando mi postura. No es lo mismo, además no estamos siempre diciendo que hay que procurar mantener a los hermanos juntos...

—— Bueno, como veo que hay discrepancias, no voy a ser yo quien tome la decisión - dice mi jefa con un ligero tono de molestia. Así que lo llevaremos a votación.

Esther, por lo general es una persona comprensiva, es una mujer joven, pero que pone voluntad y vela por los intereses de los niños y los educadores, y sé que, si el equipo decide que sí, ella aceptará la decisión. Aunque en este caso no estaba de acuerdo conmigo, por lo que había pasado con Iker y la familia de acogida, no quería que volviera a vivir otro abandono. Pero yo tengo mis aliados y sé que será algo bueno. Esas dos personas maravillosas han llegado para salvarles, yo tengo una intuición con ellos, eso pienso, aunque esta parte me la he callado. Sé que Andrea me va a apoyar y otras dos educadoras también piensan que sería algo muy bueno para ambos.

Esther propone que se realice con papeletas anónimas, me parece algo absurdo porque todos sabemos quién está de acuerdo y quién no. Yo sé que la mayoría está a favor, tengo dudas con una compañera que suele ser muy precavida a la hora de tomar decisiones con respecto a lo que es mejor para un niño y otra que es la que le chupa el culo a la jefa.

Metemos las papeletas en una caja de zapatos y Esther va sacando uno a uno, cada vez que ha salido un sí, frunce más el ceño. Yo me río por dentro, porque sé que va haber mayoría de votos a favor.

Después de diez minutos perdidos sacando papeletas ha ganado el sí. Esther muy seria se dirige a todos:

— No estoy muy de acuerdo, pero acepto lo que la
mayoría habéis decidido.

En ese aspecto es una jefa bastante justa.

Capítulo 23

¡Buenas noticias Iker 14 de junio de 1993!

Antes de informar a Delia y Martín de la decisión de incluir a Iker en el programa izeba, quiero hablarlo con él, aunque sé que se va a poner muy contento, tengo que explicarle lo que es el programa y preguntarle su opinión. Ya que el fracaso del acogimiento anterior puede confundirle y pensar que es lo mismo.

Como hoy tengo turno de tarde, le pido a Esther que me deje ir a buscar a Iker a la salida del colegio y llevarle a merendar para explicarle todo tranquilamente.

Estoy nerviosa como una niña con zapatos nuevos, me siento feliz porque sé que esto es algo bueno para Iker, que Martín y Delia van a darles a Noha y a él lo que se merecen. Una familia que les proporcione todo el cariño y la protección que necesitan. Aunque por ahora sólo pasarán con ellos un día a la semana, yo tengo la

intuición de que ellos se van a enamorar de los hermanos y quizá se puedan plantear el acogimiento permanente.

Dadas las circunstancias en las que se encuentra
Martina, de la no tenemos noticias desde hace un mes,
eso sería la salvación de Iker y Noha.

Pero esas son mis fantasías y mis deseos y otra cosa
es la realidad.

Espero impaciente a la salida del colegio de Iker,
llego diez minutos antes y la verja aún está cerrada. Así
que me voy al bar de enfrente a tomar un café, que no
hace más que ponerme más nerviosa aún.

Normalmente no me involucro tanto con los niños,
pero Iker siempre ha sido especial para mí, no lo puedo
evitar. Tengo con él una conexión espiritual, que no he
tenido nunca con ningún otro niño.

Iker ya tiene casi 6 años y a pesar de eso siempre que voy a recogerle al colegio sigue saltando sobre mí cómo cuando era pequeño. Yo le cojo en volandas y le digo, que ya es muy grande para cogerle en brazos, pero él sigue haciéndolo con una gran sonrisa y dándome uno de sus besos de vaca.

Le espero en la puerta, porque a partir de los cinco años los niños salen solos y no dejan entrar a los padres dentro del recinto, más que los de los pequeños.

Le veo aparecer a lo lejos, con su pelo alborotado, que debía haberse cortado hace una semana, pero lo hemos dejado pasar y tiene un largo flequillo que le tapa media cara, le da un aire travieso, aunque sí deja ver sus enormes y brillantes ojos color miel. Es menudo y delgadito, arrastra la pesada mochila por el suelo y de paso el jersey que lleva abrochado en ella. Siempre tiene un aspecto desaliñado, aunque vaya impecable.

Al verme sale gritando mi nombre

— ¡Alma, Alma!

Se abalanza sobre mí tan fuerte que casi me tira al suelo.

— ¡Qué bruto eres, casi me tiras al suelo! Un día me voy a caer, que ya eres muy grande.

Le pongo en el suelo y empieza a contarme un incidente que ha tenido con un compañero.

— ¿Qué tal ha ido el día, Iker?

— Le he dado una patada a Aitor por robarme un lápiz, dice con una ligera sonrisa.

— Eso no es gracioso Iker, si te ha quitado el lápiz qué tienes que hacer.

— Si valeeeee, avisar a la maestra, - dice con un tono condescendiente.

Iker es un niño muy dulce y cariñoso, pero cuando se enfada le cuesta contener sus impulsos y habitualmente se mete en peleas.

— ¿Te acuerdas de las maneras que te enseñé para relajarte con tu súper héroe?

— Si ya sé, pero es esa cosa que tengo dentro, es como fuego y no puedo pararlo hasta que no pego a algo.

— Bueno, es normal que te enfades porque te han quitado algo, y que necesites pegar, pero tú ya sabes que puedes hacerlo con una almohada.

— Ya Alma, vuelve a poner ese tono condescendiente, en el cole no tenemos almohadas.

— ¡Pues con un cojín Iker! cualquier cosa menos pegar a alguien, - digo un poco enfadada.

— Valeeeeeeeeee.

— Bueno, pues la próxima vez ya sabes lo que tienes que hacer.

— Que valeeeee ¡Qué pesada! Y se pone a caminar

delante de mí.

—Está bien, vamos a olvidarnos por un momento de esto y ya lo retomaremos en casa, tengo algo importante que decirte.

Se para en seco, gira la cabeza y me mira con su cara de pillo, yo creo que ya intuye lo que le voy a contar, porque es muy espabilado, y a mí me tiene más que calada.

—¡Vamos!, que te invito a tomar un chocolate.
—¡Y un bollo de mermelada!
—Bueno vale y un bollo de mermelada.

Cerca del hogar hay una cafetería que tiene un horno artesano y además de chocolate, hacen unos bollos rellenos de mermelada de albaricoque, que son los preferidos de Iker y los míos, para que engañar.

Él espera pacientemente a que lleguemos a la cafetería, degustar su bollo y su chocolate como hace siempre con la comida. Se toma su tiempo para saborear los alimentos, goza comiendo. Da gusto verle, disfrutando de la merienda, con sus dedos llenos de chocolate.

Aparta la taza.

—Tienes un bigote de chocolate, toma una servilleta.

Sonríe y en vez de usarla, se relame los restos de chocolate que aún le quedan en la boca y se rechupetea los dedos, hasta que no queda ni una gota. *"En fin pienso, que poco cuesta hacer feliz a un niño"*.

Me mira fijamente y dice:

—Ya estoy preparado. ¡Venga cuenta!

—Ya sabes que Noha va ir a pasar la tarde del sábado con Martín y Delia ¿Te acuerdas, la mujer que vino el otro día a ver a tu hermana, que habló contigo?

— ¡Siiiiii! – dice emocionado.

— Bueno pues me ha llamado y me ha dicho...

— ¡Qué, que te ha dicho! Sus ojos se iluminan.

— ¡Déjame terminar!

— Vale sí, pero ya sé lo que es, ya sé lo que es, repite sin parar dando saltos encima de la silla y levantando los brazos en señal de victoria.

— ¡Baja de ahí!

Antes de que yo pueda terminar de decirle que han pedido que él también vaya, salta de la silla, se abalanza sobre mí y me dice:

— ¡Gracias, Alma!

Lo siento en mis rodillas.

— ¿Quieres ir entonces con Noha, Martín y Delia este sábado?

— Sí Sí, vamos a contárselo a Noha.

Capítulo 24

Dos mejor que uno

Es sábado 17 de junio de 1993, amanece el cielo cubierto de nubes, intensos chaparrones caen desde primera hora de la mañana. Pero ni la mayor tormenta del siglo puede empañar este día. Al ser fin de semana los niños del hogar aún no se han despertado para cuando yo entro a trabajar a las 8h.

A las once he quedado en que Martín y Delia pasarán a recoger a los hermanos. Por lo que les dejo que duerman un rato más.

Sobre las 8.30, empiezo a oír ruidos en la habitación de Iker y Noha. Me acerco y ahí están los dos ¡vestidos!

— ¿Qué hacéis vestidos? son las 8.30 aún es muy pronto, les reprendo, aunque por dentro sonrío, por ver lo emocionados que están.

— ¡Pero van a venir Delia y Martín a buscarnos! - dice Iker recordándomelo, como si yo me hubiera olvidado de ello.

— Si ya sé, no me he olvidado, pero todavía queda un rato hasta que vengan.

— Es que ya no tenemos sueño, agrega Noha.

— Bueno está bien, vamos a desayunar, pero no hagáis ruido que los demás aún duermen.

Iker no para de saltar en la silla, si de normal es un niño inquieto, hoy no es capaz de controlar su emoción. Después de desayunar les dejo que se queden jugando un rato en la sala, Iker no para de ir de un lado a otro, corriendo. Es su manera de descargar toda esa energía que lleva dentro, así que le dejo un poco hasta que decide parar y me pide que le dé un dibujo para pintar.

En Noha percibo alegría, pero ella es más reservada, le cuesta mostrar sus emociones, y las contiene a menudo. Coge un libro y se sienta en el sofá, impasible a los saltos y carreras de su hermano. Me coloco a su lado.

—¿Qué tal estás, Noha? ¿Estás contenta?

—Sí, responde secamente sin dejar de levantar la mirada del libro.

—Yo también estoy contenta de que vayáis juntos.

Me quedo a su lado en silencio, y al cabo de un rato me coge de la mano y dice:

—¿Y si no les gusta cómo somos? ¿Y si nos pasa como lo que le ocurrió a Iker?

Noha tiene mucha dificultad para crear vínculos, y es evidente el miedo que siente a ser de nuevo abandonada. Ella siempre ha vivido la salida de su casa como un abandono de su madre, y le está costando mucho perdonarla.

Yo no puedo asegurarle lo que Delia y Martín harán, o la relación que establecerán con ella y su hermano.

—— No todas las personas son iguales, no todas las personas abandonan a sus seres queridos, quizá podemos darles a Delia y Martín una oportunidad ¿Qué opinas?

—— Parecen majos, dice con una ligera sonrisa.

—— Además, ya sabes que yo y el resto de educadores siempre vamos a estar aquí.

—— Eso sí es verdad, añade con una gran sonrisa.

Iker tiene casi 6 años, Noha 10 y hoy es el primero de espero, muchos que pasarán con Delia y Martín.

Y si esta historia fuera un cuento de hadas, acabaría diciendo colorín colorado este cuento se ha acabado y vivieron felices para siempre...

Pero la realidad es que la vida no se lo está poniendo tan fácil, ni a ellos ni a Martina...

Capítulo 25

La llamada de la policía

6 de julio 1993 por la mañana

Han pasado varios meses y no tenemos noticias de Martina. El último contacto que tuvimos fue una llamada que realizó a los niños en mayo y partir de ahí no se ha vuelto a poner en contacto con nosotros, ni para hablar con sus hijos.

He intentado localizarla por teléfono en varias ocasiones, pero siempre sale un mensaje diciendo que ese número no está operativo. Me he puesto en contacto con la terapeuta y con el centro de desintoxicación por si ellos sabían algo. Pero nadie la ha vuelto a ver. No ha acudido ni a las sesiones de terapia ni al grupo de apoyo.

Tengo un mal presentimiento, sé que la familia le ha

repudiado por haberse quedado embarazada y sólo tengo contacto con una hermana suya que, cada vez que la llamo, me dice que no sabe nada de ella. Yo creo más bien que no quiere decirme nada.

Después de dos meses sin saber nada de ella y temiéndome lo peor, hemos recibido una llamada de la policía esta mañana. Yo no estoy de turno trabajando, hoy es mi día libre, pero una compañera me ha llamado para comunicarme que la policía había preguntado por mí. Normalmente cuando estoy de fiesta no atiendo llamadas del trabajo, pero dada la insistencia de la coordinadora Vicenta, me he imaginado que algo grave ocurría.

La policía ha llamado para informarnos que han encontrado a una mujer inconsciente, indocumentada en la calle, en muy malas condiciones y que la han llevado al hospital. Vicenta ha querido saber cómo habían conseguido nuestro teléfono y por qué preguntaban específicamente por mí, si la mujer seguía inconsciente.

162

Le han dicho que lo único que llevaba encima era una nota que ponía, *"en caso de emergencia llamar a Alma"*, con el número de teléfono del hogar.

Nos hemos puesto en contacto con el hospital, porque todos sabíamos que esa mujer inconsciente iba a ser Martina. Hemos conseguido que nos pasen con la enfermera, le hemos explicado que creemos saber quién es esa mujer. Nos explica que sigue inconsciente, que ha sufrido una sobredosis de heroína. Que no saben si va a salir de esta y que la tienen con ventilación asistida porque ha sufrido una insuficiencia cardiaca.

Una compañera acudirá esta tarde al hospital, para confirmar que es la madre de Iker y Noha. Y para preguntar por el embarazo, ya que Martina tendría que estar ya de casi siete meses. Nos han dicho que realizarán esta misma tarde una ecografía para ver cómo se encuentra él bebe.

Hemos avisado a su hermana para que tenga conocimiento del ingreso de Martina. Dada la situación me he acercado al trabajo y he llamado al hospital para ver cómo se encuentra Martina.

Desde la centralita me pasan con la planta en la que se encuentra la madre de Iker y Noha, una enfermera muy simpática me atiende:

— Hospital Princesa, le atiende Casilda, ¿En qué puedo ayudarle?

— Buenos días soy Alma, la tutora de los hijos de Martina, llamaba para preguntar cómo se encuentra.

— ¡Ah sí, Alma! La paciente ha preguntado por ti, ya está consciente.

— ¿Y cómo se encuentra?

— Está más tranquila, pero no para de preguntar a ver cuándo vendrás verla.

— ¿Tienen ya los resultados de la ecografía?

— Sí, los tenemos…y no son buenas noticias. Por teléfono no puedo informarle.

— Sí, comprendo… esta misma tarde acudiré al hospital ¿Podría darme el número de habitación?

— ¡Ay disculpe!, pero esa información no se la puedo proporcionar por teléfono. Tiene usted que preguntar en el departamento de información y presentar su DNI. Está justo a la entrada del hospital. El horario de visitas es de 15 a 19h.

— Muchas gracias, muy amable.

— De nada, gracias a usted.

"La situación… no son buenas noticias……" ¡madre mía con esta mujer, no gano para disgustos!

Por la tarde me acerco al hospital para ver en qué estado se encuentra Martina.

En la entrada del hospital hay una pequeña recepción, acristalada, tras ella una mujer de unos sesenta años sentada, pasa el rato con una sopa de letras. *"Cuánta ociosidad, pienso"*.

— Buenas tardes.

— Buenas tardes - dice la mujer sin levantar la vista.

— ¿Podría indicarme la habitación de una persona que ingresó ayer en urgencias?

— ¿Una persona?, levanta la mirada y con bastante desprecio dice, esa persona tendrá un nombre.

— Sí claro, se llama Martina.

— ¿Martina? y esa Martina tendrá un apellido – contesta visiblemente enojada.

— Sí, Merino, pero ingresó ayer en urgencias indocumentada, por eso he venido yo para identificarla.

— ¡Pues haber empezado por ahí! ¿y usted es...? ¿.... familiar de la tal Martina? – pregunta levantando las cejas, y asomando más la cabeza por la ventanilla.

Le explico brevemente quien soy para ver si me deja pasar de una vez.

Tras ella hay una mujer joven ataviada con un bata color verde, aporrea furiosamente el teclado del ordenador, imagino que es su pequeña venganza por tener que soportar a esa mujer ocho horas al día. En su identificación pone "Pilar".

La mujer de la sopa de letras, que no lleva identificación ninguna, se dirige a Pilar, en un claro tono de superioridad, ese tono que usan las personas que creen que por llevar más años en la empresa y porque tú seas una chica joven tienen derecho a tratarte con desprecio.

— ¡Pilar! ¡Pilar! ¡Esta chica está sorda! - Tiene que llamarle varias veces de lo absorta que esta la joven en su trabajo. - Busca en los ingresos de ayer a ver si encuentras a una mujer que llegó indocumentada, dice con un despreciable tono de soberbia, después se gira hacia mí.

—La chica "te" atenderá, y se dispone a seguir re-
llenado su sopa de letras.

Pilar da un suspiro y después me hace una serie de
preguntas para poder encontrarla con mayor rapidez;
como a qué hora y cuando ingresó, si fue de urgencia o
por otro motivo etc. Respondo a sus preguntas con la
mayor precisión que puedo, dados los pocos datos que
yo tengo y la que me ha proporcinado la enfermera que
me ha dicho que ya estaba en planta. Pero Pilar parece
bastante eficiente. En menos de dos minutos encuentra a Martina.

—Hay una mujer que ingresó ayer por la tarde en
urgencias que coincide con la descripción que me ha
dado. Habitación 323.

Tiene que subir esas escaleras que están ahí justo
enfrente, hasta el tercer piso, porque el ascensor es
solo para trabajadores y personas con movilidad redu-

cida. Una vez allí verá una serie de líneas que se entrecruzan, cada una va en una dirección. Tiene que seguir la línea azul. Sencillo, me dice...

— Muchas gracias, Pilar.

—No hay de qué, para eso estamos...y mira de reojo a su compañera.

Tras llegar casi sin aliento a la tercera planta, porque padezco de asma y además soy fumadora, miro al suelo en busca de la línea azul. Hay líneas de varios colores, como me ha indicado Pilar, cada una se bifurca en direcciones opuestas, la amarilla gira a la derecha, la roja hacia la izquierda y la línea azul se extiende por un largo pasillo del que no se vislumbra el final, así que me dispongo a seguirla, no puede tener perdida.

Después de un rato siguiendo la dichosa línea, de repente deja de ser azul y cambia directamente a una

amarilla. Ese pequeño detalle se le ha olvidado mencionar a Pilar. Me paro en seco como si me hubiera topado
con un abismo.

En serio, es broma. Me quedo quieta y miro alrededor a ver si encuentro una mirada, de alguna enfermera
que me pueda indicar hacia donde tengo que ir. No
pienso moverme de aquí, eso está claro. Otras personas que también vienen siguiendo la línea azul, cuando
llegan al abismo amarillo, se quedan igual de inmóviles
que yo. Nos miramos unos a otros con esa cara de
quien se siente estafado.

A mí me entra la risa nerviosa, las cuatro o cinco personas que vienen detrás, se contagian y nos entra un
ataque de risa incontrolable. Gracias a eso enseguida
aparece una enfermera increpándonos.

— ¡Dejen de alborotar! por Dios estamos en un hospital, menudo comportamiento para personas de su
edad.

Pero nosotros no podemos parar, yo lo intento y cada vez que lo consigo otra persona comienza de nuevo. Así durante al menos unos tres minutos, hasta que la enfermera ya se ha puesto de muy mal humor.

—Como sigan con esa actitud voy a tener que llamar a seguridad.

Poco a poco las risas se han ido parando, yo me seco las lágrimas, que siempre me salen cuando me río mucho, intento mantener la compostura y le pregunto:

—¿Podría indicarnos donde se ha esfumado la línea azul? digo todavía con una ligera sorna.

Eso ha debido parecerle gracioso a un chico joven de unos 15 años que venía justo detrás de mí, y de nuevo comienzan las risas. Yo me contengo porque me digo para mis adentros que no tengo ganas de que me expulsen del hospital y tener que explicarle a Esther que me han echado por reírme de una enfermera.

Por fin todos se quedan en silencio, la enfermera visiblemente enojada, nos explica la situación.

— Están arreglando una tubería que ha reventado, por eso han pintado la línea azul de amarillo, tengan cuidado al pasar donde está la obra y por lo demás, solo tienen que seguirla hasta el fondo del pasillo, a la derecha, es donde están las habitaciones.

Camino sobre la línea amarilla sin mirar atrás. Encuentro enseguida la habitación 323.

Llamo a la puerta y no contesta nadie, vuelvo a llamar y oigo a lo lejos una voz de mujer que me invita a entrar.

En la habitación hay dos camas, separadas por una pequeña cortina que, aunque estando echada, se puede ver media cama de la que está más a la ventana, que es en la que debe estar Martina.

En la primera cama hay una mujer muy mayor, al menos tendrá 90 años, recostada sorbe con dificultad un zumo de naranja con una pajita. A su lado sentada en el sofá de las visitas hay otra mujer, no tan mayor, pero tampoco joven, de unos 60 años. Levanta la mirada de la revista que está leyendo al verme pasar. Después con un ligero movimiento de cejas, indicando con la cabeza la cama de al lado, me dice:

—Está dormida.

Me acerco despacio y me cercioro de que es Martina, me quedo sentada un rato esperando a que llegue la enfermera.

No tarda en aparecer, una joven enfermera que viene a tomar la tensión a la anciana que, sigue sorbiendo su zumo, aunque visiblemente se ha acabado hace un buen rato. Le retira el vaso y le toma la tensión.

Al verme se acerca a preguntarme a ver quién era.

—¿Es usted familiar de Martina?

—¿Podemos salir un momento fuera y le explico la situación? le pido, ya que no quiero contar toda la historia delante de las dos mujeres que estaban allí.

—Sí por supuesto, contesta ella y recogiendo la bandeja de la anciana, sale de la habitación.

Yo le sigo hasta el mostrador, donde me ofrece sentarme. Ella toma otra silla y se sienta a mi lado.

—¿Usted dirá? Me han informado que Martina tiene dos hijos en un hogar de acogida y que vendría un educador para explicarnos un poco su situación.

—Sí, es así, yo soy educadora y tenemos a sus hijos acogidos en nuestro hogar desde hace cuatro años.

—Ah, entiendo, responde con un gesto ligeramente triste, asintiendo con la cabeza.

—Martina ha pasado por varios procesos de terapia, pero no acudió a las últimas sesiones y no habíamos tenido noticias de ella, desde hace unos meses que me comunicó que estaba embarazada.

—Ah, es cierto, de eso queríamos hablar con ustedes.

—¿Ocurre algo? ¿Él bebe está bien?

—Pues verá es una situación complicada...

—¿Complicada?

—Resulta que en la ecografía que se le ha realizado se observa que tiene un embarazo gemelar.

—¿Gemelar? Me estoy poniendo de los nervios.

—Pero en uno de ellos no se perciben latidos.

—¿En serio? Me siento como si estuviera siendo víctima de una cámara oculta.

—Sí, lamentablemente. Como ha sufrido una insuficiencia cardiaca es muy arriesgado hacer una cesárea para sacarlo y mantener al otro con vida. Por no hablar del riesgo para la madre y las complicaciones hematológicas serias que podría tener, como la coagulación intravascular.

No entiendo nada de toda esa terminología médica,

pero desde luego no suena muy alentador. *"Pienso, cómo puede tener tanta mala suerte esta mujer"*

— ¿Y qué se hace en estos casos, quien toma la decisión?

— En estos casos lo que se valora es la opinión tanto de la madre como la del médico, pero es este quien toma la última decisión con respecto a lo que es más adecuado dependiendo de si corre riesgo la salud de la madre y/o él bebe.

— Así que en este caso entiendo, que será el médico quien decida lo que hay que hacer.

— Si, lo más probable, dado que el embarazo está bastante avanzado se está valorando intentar salvar al bebe sano, y a la madre por supuesto. Pero eso tendrá que hablarlo con el médico.

Me quedo sentada un buen rato, antes de entrar a ver a Martina que me indican que ya se ha despertado. Sinceramente pienso que lo mejor es que no sobreviva

ninguno de los dos bebes, otro niño más para la insti-
tución, otro niño sin unos padres que le pudieran cuidar, es mejor que no nazcan. Aunque suene realmente
cruel, es lo que siento.

Cuando entro en la habitación de Martina, después
de haber hablado con la enfermera, saludo a la mujer
del sillón que sigue con su revista del corazón y me
acerco hasta su cama.

Tiene puesto un respirador, también un pulsioxíme-
tro que controla la saturación de oxígeno en sangre y la
frecuencia cardíaca. Además de una vía por la que le
están administrando suero, porque tienen casi seguro
prevista una cesárea de urgencia. Tiene bastante
buena cara para lo que ha pasado.

—¡Alma!, Qué bien que has venido, ¡Qué alegría
verte!

—¡Ay Martina!, digo con un largo suspiro.

—No me riñas Alma, ya sé que he hecho mal, soy

una idiota.

—Idiota no ¡inconsciente!, respondo un poco molesta.

—Sí, tienes razón ¿Has hablado con la enfermera? ¿Ya te ha dicho que voy a tener gemelos?

Parece que aún el médico no le ha comunicado que uno de ellos no ha sobrevivido y el riesgo que corren ella y el otro bebé de no hacer una intervención.

—Sí, me ha dicho que vendrá el médico para hablar contigo.

—¿Ocurre algo?

—Es mejor que hables con el médico Martina. Me ha dicho la enfermera que vendrá enseguida.

—¿Cómo están los niños? ¿Saben que estoy en el hospital?

—Están bien, por ahora no les hemos dicho nada, esta noche puedes llamarles, pero no les digas nada de todo esto. A su debido tiempo ya se les explicará.

En ese momento vemos aparecer al doctor, es un hombre joven, tendrá más o menos mi edad, no más de 30 años, se acerca sonriendo, podemos apreciar su perfecta dentadura. Se dirige a Martina con un tono de voz familiar:

— ¿Cómo está mi Martina esta tarde?

— Bien, más animada ahora que ha venido Alma, contesta con pequeño rubor en la mejilla.

— ¡Ah sí, la famosa Alma! me acerca la mano para saludarme. Encantado, tú eres la tutora de los niños de Martina, ¿no?

— Sí, sí, contesto balbuceando, sólo de Iker, otra compañera se ocupa de Noha - digo sin soltarle la mano.

Tiene unas manos suaves y bien cuidadas, y se le marcan algunas venas, lo que le hace aún más interesante. Esas manos de cirujano son perfectas.

— Al soltarme la mano – dice, bueno entonces puedes quedarte y escuchar lo que le tengo que decir a Alma, uy a Martina quería decir. Sonríe traviesamente.

Está claro que me ha calado y que se sabe conocedor de la atracción que provoca en las mujeres, lo que además parece divertirle.

— Muy bien dice Mikel, que así se llama el joven doctor, vamos a lo importante Martina, como sabes hemos visto en la ecografía que tienes un embarazo gemelar.

— Sí, contesta Martina emocionada.

— *"Qué inconsciente es esta mujer, hubiera sido capaz de tenerlos a los dos"* · Eso pienso mientras el doctor sigue explicándole a Martina la situación y las opciones que tiene.

— Bueno resulta que uno de los fetos no ha llegado a desarrollarse bien y ha fallecido.

— ¡No puede ser! grita Marina desconsolada.

—Vamos a mantener la calma, el otro bebe está bien y tú milagrosamente también después de todo lo que te has metido, esta vez habla más serio. El caso es que tienes dos opciones: Una seguir adelante con el embarazo con un feto muerto y esperar que el otro sobreviva, lo que no te recomiendo porque pueden surgir bastantes complicaciones para ti y para el bebé. Y dos, realizar una cesárea para sacar al gemelo fallecido e intentar mantener al otro con vida en una incubadora. Que es también muy arriesgada.

Martina se va poniendo más nerviosa y el ritmo cardiaco se le acelera hasta 140 pulsaciones. Comienza a llorar.

El doctor se sienta su lado y le coge las manos.

—Vamos Martina, tranquila, haremos todo lo posible para salvar al bebé.

—¿Tú qué crees, Alma?,

Martina busca en mí una respuesta que no voy a darle.

—Es una decisión que tienes que tomar tú, piensa en lo que te ha dicho el doctor y toma una decisión, yo no puedo tomarla por ti.

—Está bien, dice Mikel, tienes unos días para pensarlo, no obstante, la decisión final se basará en lo que sea más adecuado y en la que se corra el menor riesgo posible para salvaguardar tú vida y la del bebé. Mientras tanto tendrás que quedarte ingresada, porque aún no estás del todo recuperada.

—Está bien, gracias doctor. Lo pensaré.

—Ahora tengo que hacer la ronda, pero este mediodía vendré a ver cómo te encuentras.

—Gracias Doctor. - responde Martina.

—Encantado de conocerte Alma, gracias por venir.

Se acerca a mí y pone mi mano entre las suyas en gesto de agradecimiento mirándome fijamente a los ojos.

Noto un calor que me sube por todo el cuerpo. Tiene una mirada azul cautivadora.

—— Sí, igualmente. - respondo con un ligero temblor en la voz.

Capítulo 26

La llamada del Hospital 8 de

Julio de 1993 7.30 a.m.

Los niños empiezan a levantarse y yo voy preparándoles el desayuno según van llegando al comedor. Hoy toca galletas, les pongo 8 a cada uno en sus platitos, los mayores se sirven solos, pero tenemos dos niñitas pequeñas que lo dejan todo perdido y tengo que estar con ellas. Mi compañera hace las camas y prepara los uniformes para ir al colegio.

En eso estamos cuando suena el teléfono, son las 7.30 de la mañana y las llamadas a esas horas no suelen traer buenas noticias. Tengo un mal presentimiento.

Es mi compañera quien coge el teléfono, a lo lejos le oigo decir:

— Sí, hola buenos días. Está aquí, ahora se la paso.

Andrea acude al comedor.

— Es para ti, del Hospital Princesa.

— ¿Qué pasa?

— No sé, no me ha querido decir nada, que quieren hablar contigo.

— Vale, ¿Puedes quedarte con los niños y darles el desayuno?

— Sí, tranquila, no te preocupes, ve a ver qué pasa.

Corro hacia el despacho con el corazón en un puño. Cojo el auricular, me tiemblan las manos.

— Buenos días, dígame, soy Alma.

— Buenos días, mire, le llamo del Hospital Princesa, en relación a Martina, hemos intentado localizar a sus familiares y no ha sido posible, le llamo porque en su ficha de ingreso aparece usted como persona de refe-rencia en caso de emergencia.

Respiro hondo, aprieto con fuerza una pelotita anti estrés que tenemos en el despacho.

—Sí, sí, soy la tutora de sus hijos ¿Se encuentra bien Martina? –pregunto titubeando.

—Verá el caso es que esta mañana Martina cuando se ha levantado ha tenido una fuerte hemorragia y ahora están haciéndole una cesárea de urgencia, la situación parece grave y el cirujano ha dicho que podría no superar la operación.

Me siento de golpe en la silla del despacho, la pelotita no da más de sí. Y mi corazón tampoco, que late con fuerza.

—¿Sería posible que usted pudiera venir para que cuando despierte de la anestesia haya alguien haciéndole compañía?, eso si despierta.

Joder con la enfermera, qué poco tacto.

—— Está bien, haré lo posible por acudir cuanto antes.

Aunque por dentro pienso a ver cómo nos vamos a organizar para llevar a todos los niños al colegio y la de cosas que esta mañana tengo pendientes para hacer. *"Mi jefa se va poner de un contento"*

—— Muchas gracias. Que tenga usted un buen día.

—— Sí, sí, igualmente- digo sin mucha gana.

Cuelgo el auricular y me quedo sentada en la silla, mirando al suelo fijamente, las piernas me tiemblan y después me quedo paralizada, pierdo la noción del tiempo hasta que noto una mano en mi hombro, pego un brinco.

—— ¡Joder Andrea, qué susto ¡

—— Sí, perdona Alma, pero es que me estás preocupando. Llevas ahí diez minutos sin moverte ¿Qué pasa?

Le cuento lo que me ha dicho la simpática enfermera.

— Tengo que hablar con Esther, necesito que me de permiso para subir al hospital.

— Creo que está arriba en su despacho, sube si quieres un momento, aún tenemos un rato antes de llevar a los niños al colegio.

— Bien, allá voy...

— Ánimo

Subo las escaleras de dos en dos, no sé porque lo hago, el despacho de Esther está un piso más arriba. Aun así, llego sofocada, toco la puerta, apoyo mis manos sobre las rodillas para coger aire, tengo que dejar de fumar. Esther no responde, vuelvo a tocar, porque sé que está dentro.

— Sí ¿Qué pasa? – la oigo gritar desde dentro, sin decirme que pase.

—— Soy Alma, puedo pasar un momento, es importante.

Oigo como arrastra la silla y se levanta para abrirme,
¡No sé por qué se encierra en el despacho! Esta mujer
es muy rara.

—— ¡Más vale que lo sea, tengo un montón de trabajo acumulado¡- me mira inquisitivamente, deja la
puerta abierta, me da la espalda y vuelve a sentarse en
su cómoda silla.
—— Verás, se trata de Martina...
—— ¿La madre de Iker y Noha? ¿Qué ha hecho esta
vez?, Esta mujer no hace más que darnos disgustos. –
pero siéntate anda, no te quedes ahí parada como un
pasmarote.

Esta mujer a veces resulta tremendamente irritante,
pero a pesar de que sé que no le caigo muy bien, suelo
salirme con la mía bastante a menudo.

— Estoy bien de pie, gracias – le miró fijamente a los ojos mientras lo digo, a riesgo de que no me de permiso para ir al hospital. No me gusta que se aproveche de su puesto para humillarnos.

— Bien, como quieras. ¿Qué pasa? – se resigna.

Le explico lo que la enfermera me ha dicho, haciendo hincapié en la gravedad de la situación y la posibilidad de que Martina no supere la operación.

— ¡Vaya! - dice secamente, esta vez no ha tenido ella la culpa.

Esta mujer es imbécil, ¿no ha oído cuando he dicho *"gravedad de la situación"*?

Paso por alto el inadecuado comentario de mi jefa, no quiero discutir ahora.

— Puedo ir a acompañarla cuando despierte.
— Si despierta...

No me lo puedo creer, pero es que todo el mundo se ha vuelto gilipollas hoy.

—Bueno, eso esperamos TODOS, que así sea -respondo enfatizando. Ya me he organizado con Andrea para llevar a los niños al colegio, le miento, pero sé que Andrea hará lo posible para que yo pueda ir al hospital.

—Tu sólo tendrías que bajar un rato a la hora de la comida, si aún no he vuelto.

—Buff… bueno, veré a ver si puedo bajar un momento, pero ya te digo que estoy ocupadísima, tú haz lo posible por llegar a la hora de comer.

¡Ocupadísima!, tendrá jeta la tía, se pasa el día en el despacho hablando por teléfono. Bueno entonces, ¿Puedo subir?

—Sí, anda vete, cuanto antes vayas antes vuelves.

Esther sigue sin entender que es una situación crítica y que no depende de mí el tiempo que vaya tardar la operación. Pero al menos ya tengo su permiso.

— Bien, te voy informando cuando sepa algo más.

— Sí, sí, hala vete, vete- me despide con un gesto de la mano que me indica que quiere que desaparezca de su vista.

Capítulo 27

La operación de Martina

8 de Julio de 1993, 9:30 a.m.

Cojo mi coche para ir al hospital, la combinación de autobuses es muy mala para llegar hasta allí desde el barrio donde está situado el hogar.

Cuando llego paso por la recepción, esta vez no me paro a preguntar, ya sé que tengo que seguir la línea azul.

Tras el mostrador de la tercera planta, varias enfermeras charlan amigablemente, parece que están en su momento de relax, porque todas tienen una taza de café en la mano.

—Disculpe – digo para ver si alguna de ellas me atiende.

Una chica joven, gira la cabeza, y se acerca al mostrador.

— Sí, en que puedo ayudarle

— Mire, soy Alma, me han llamado esta mañana en relación a Martina que está ingresada y que le estaban realizando una cesárea de urgencia.

— ¡Ah sí!, has hablado conmigo. Pues aún no ha salido de la operación. – dice secamente.

— Bien podrían avisarme cuando se sepa algo.

— Sí, en cuanto el cirujano venga le informo, puede esperar en esa sala de ahí.

Me indica con la cabeza donde tengo que esperar.

Es una sala pequeña, hay otras dos personas esperando, una mujer de mediana edad que lee el periódico y otra más joven con un carrito de niño, en el que el bebé parece dormir plácidamente. Me siento en una silla apartada de ellas, no tengo ganas de que nadie empiece a contarme sus dolencias.

Me quedo pensando en Martina, en ese bebé que lleva dentro, en el futuro que le espera si nace, con una madre drogadicta y un padre presidiario. ¿Es cruel pensar que es mejor que no nazca...? en eso estoy cuando miro un cesto que hay a mi lado, en el que hay varias revistas del corazón, que no me interesan, rebusco a ver si encuentro algo más entretenido y descubro un cuento, en la portada sale un niño dibujado con una enorme lupa en la mano, y se titula:

"Cuentos para entender el mundo" de Eloy Moreno. *"Qué oportuno"*.

Lo abro, veo que contiene varios cuentos cortos, leo el primero que aparece.

Las estrellas de mar

Una mañana de invierno, un hombre que salía a pasear cada día por la playa, se sorprendió al ver miles de estrellas de mar sobre la arena, prácticamente estaba cubierta toda la orilla. Se entristeció al observar el gran desastre, pues sabía que esas estrellas apenas podían vivir unos minutos fuera del agua.

Resignado, comenzó a caminar con cuidado de no pisarlas, pensando en lo fugaz que es la vida, en lo rápido que puede acabar todo. A los pocos minutos, distinguió a lo lejos una pequeña figura que se movía velozmente entre la arena y el agua. En un principio pensó que podía tratarse de algún pequeño animal, pero al aproximarse descubrió que, en realidad, era una niña que no paraba de correr de un lado para otro: de la orilla a la arena, de la arena a la orilla. El hombre decidió acercarse un poco más para investigar qué estaba ocurriendo:

— Hola -saludó.

— Hola -le respondió la niña.

— ¿Qué haces corriendo de aquí para allá? -le preguntó con curiosidad.

*La niña se detuvo durante unos instantes, cogió aire
y le miró a los ojos.*

*—¿No lo ves? -contestó sorprendida-Estoy devolviendo las estrellas al mar para que no se mueran. El
hombre asintió con lástima.*

*—Sí, ya lo veo, pero no te das cuenta de que hay
miles de estrellas en la arena, por muy rápido que vayas
jamás podrás salvarlas a todas... tu esfuerzo no tiene
sentido.*

*La niña se agachó, cogió una estrella que estaba a
sus pies y la lanzó con fuerza al mar.*

—Para esta sí que ha tenido sentido.

El cuento me hace reflexionar. A pesar de la situación complicada en la que le va tocar nacer, él bebe de
Martina merece una oportunidad.

Dejo el cuento en el cesto y llamo a Andrea para ver qué tal está yendo la mañana, son ya las 10:30 y Martina sigue en quirófano.

— ¡Hola Andrea! ¿Qué tal? – tarda un rato en coger.

— ¡Hola Alma!, bien, aquí estoy aprovechando la mañana para adelantar un poco algunos informes.

— ¿Y Esther?

— Se ha subido a su despacho, me ha dicho que le avise si tengo noticias tuyas. ¿Por cierto, se sabe algo?

— Qué va, aquí sigo esperando.

— Bueno ánimo, con lo que sea me dices, y tú tranquila que ya nos organizamos para traer a los niños a comer.

— Vale, en cuanto sepa algo os llamo. Gracias Andrea, eres un sol.

— De nada guapa, ánimo.

Me levanto a estirar las piernas y me doy un paseo hasta la máquina de café. Cuando vuelvo veo que el doctor está hablando con la joven enfermera.

Me acerco y me quedo detrás de ellos, la enfermera me reconoce.

— ¡Ah, mira ahí está!, justo estaba comentándole al doctor que estaba en la sala de espera, pero he ido a buscarle y no la he visto.
— Disculpa, he ido a tomar un café.

El doctor se gira y me saluda.

— ¡Hombre, Alma, qué gusto volver a verte¡

Siento que me estalla la cara, sé que se me ha puesto roja como un tomate, intento disimular lo evidente.

— Sí, igualmente doctor ¿Cómo se encuentra Martina? - la voz me tiembla como a una quinceañera.

"¿Qué me pasa estoy tonta o qué?"

— ¡Pero llámame Mikel, mujer!, que ya nos conocemos. – dice pasándome suavemente la mano por el hombro.

Fuego en mi cara, ¡Por Dios que se calle ya y me diga cómo está Martina!

— La cesárea ha salido muy bien, el bebé está sano, aunque lo hemos tenido que poner en la incubadora, porque aún tiene siete meses y necesita cocerse un poco más. – sonríe.

En serio, acaba decir que necesita cocerse más...

— El problema es ahora Martina – su tono deja de ser jocoso y denota preocupación.

— ¿Cómo se encuentra?

— Ha perdido mucha sangre, y hemos tenido que

realizarle varias transfusiones, en principio no corre peligro, pero habrá que ver cómo evoluciona, en 24h sabremos más.

— ¡Ah qué bien! – respiro con cierto alivio.

— Aún no ha despertado de la anestesia, pero sería bueno que estuvieras cuando lo haga.

Esta vez no hay un "si despierta".

— Sí, sí, yo me quedo hasta que la traigan de la sala del despertar.

— Puedes esperarle en la habitación si quieres – me sugiere Mikel.

— Vale perfecto, muchas gracias Doc.... digo Mikel.

— De nada, o si quieres puedes ir a ver al bebé, bueno la bebé, porque no te lo he dicho, ¡Qué despistado! ¡Ha sido niña!

— ¡Ah sí! pasaré ahora entonces, gracias de nuevo por todo.

—A ti Alma, por apoyar a Martina, en estos momentos necesita alguien fuerte a su lado –apoya sus dos manos en mis hombros y me giña un ojo cuando lo dice.

¡Menudo seductor!

Me tiemblan las piernas, seguro que se ha dado cuenta.

Me despido y me dirijo hacia la zona de los recién nacidos, que está enfrente de la habitación de Martina, así que me acerco a ver si me dejan ver a la niña.

Está protegida por una gran vitrina, desde donde se pueden ver todas las cunitas y los bebés, algunos duermen plácidamente, otros empiezan ya a ejercitar sus pulmones.

Me asomo a la vitrina y le hago un gesto a una de las enfermeras que están dentro, me señala con el dedo una puerta que hay a la izquierda. Me acerco, la enfermera la abre, me sonríe, y pregunta:

—— ¿Sí, qué desea?

—— Quería saber si puedo ver a un bebé que ha nacido hace un rato por cesárea, y que está en la incubadora.

—— Ah sí, la bebé. ¿Es usted Alma?

—— Sí... -respondo con sorpresa.

—— Acaba de llamar el Doctor Laskurain para avisar de que igual vendría a verla. Y que le dejáramos pasar. Normalmente no se permite la entrada a familiares, pero el doctor ha insistido expresamente que si venía usted le permitiéramos ver a la bebé.

—— ¿Quién, Mikel? Noto los calores que me suben...

—— Sí, bueno – se le escapa una risita- nosotras le lamamos Doctor Laskurain – vuelve a sonreír.

Me da una mascarilla para que me la ponga, y me invita a entrar.

— Ahí está la bebé, en la incubadora.

— ¿Por qué sigue llamándole la bebé a la hija de Martina? ¿No le han puesto nombre?

— Pues resulta que como ha sido todo tan precipitado, y tuvieron que llevar a la madre urgentemente al quirófano, no le había dicho a nadie el nombre que iba a ponerle a la niña. Así que estamos esperando a que la suban a planta para hablar con ella.

— Bien, muchas gracias.

Me acerco a la incubadora y ahí está la pequeñaja. Es diminuta, casi entra en la palma de una mano. Pobrecita. Duerme plácidamente. Espero que tenga más estrella que su hermana Noha. Aunque dada la situación de Martina no creo que la dejen estar mucho tiempo con su madre... Noto como dos lágrimas descienden por mis mejillas. La enfermera que me ha visto se acerca.

— ¿Te encuentras bien?

— Si no es nada, es la emoción por presenciar el milagro de la vida.

— Sí, lo cierto es que lo de esta niña ha sido un milagro, que sobreviviera.

— Bien, gracias por dejarme verla.

— Déselas al Doctor Laskurain – hace énfasis en la palabra doctor, con una pícara sonrisa.

— Se las daré. Que vaya bien el día- quiero que me trague la tierra...

Al salir, me cruzo con la enfermera del mostrador y me dice que Martina ya está en la habitación, despierta, que puedo pasar a verla.

Llamo a la puerta de la habitación 323, que está entreabierta, un hombre responde- creo reconocer la voz de Mikel.

— Sí, adelante pase.

— Buenos días, vengo a ver a...

— Sí, a Martina. Pasa Alma pasa, te está esperando.

De nuevo palpitaciones.

Bueno yo os dejo, que voy a seguir con la ronda, después de comer vuelvo a ver cómo te encuentras, espero que me diga la enfermera que has comido un poco, tienes que coger fuerzas – le acaricia la cara.

— Sí, lo intentaré – responde Martina sin mucho entusiasmo.

— Gracias Doctor – No me sale llamarle por su nombre de pila.

— Llámame Mikel, Alma… - su risilla traviesa de nuevo.

El doctor se marcha y me quedo a solas con Martina, no hay nadie en la cama de al lado, así que tiene toda la habitación para ella. La mujer anciana que estaba a su lado parece que falleció la noche anterior.

— Hola Martina, ¿Qué tal te encuentras?, ¡Nos has dado un susto de muerte!

— ¡Ay Alma!, qué bien que estés aquí, ¿Has visto a la niña? Es muy pequeña y la han metido en una incubadora.

— Sí la he visto, es preciosa y la enfermera me ha dicho que, a pesar de ser prematura, el pronóstico es bueno.

— ¡No me la dejan ver!

— Claro que sí Martina, en cuanto os recuperéis las dos un poco podrás estar con ella, pero para eso tienes que comer y ponerte fuerte. Por cierto ¿Has pensado cómo la vas a llamar?, porque todos la llaman la bebé.

Sonríe sin mucha gana.

— Sí, quiero que se llame Maddy, ¿Qué te parece, te gusta?

— Sí, es muy bonito, ¿Tiene algún significado?

— Es un nombre galés, significa "afortunada".

Capítulo 28

El Milagro martes 2 de noviembre de 1993

Maddy ha pasado dos meses en la incubadora, hoy por fin voy a recogerla. Martina vive ahora en un hogar de acogida para mujeres con adicciones, le va muy bien, parece que se está tomando en serio su recuperación.

Por el momento Maddy se quedará con nosotros en el hogar y tendrá visitas con Martina una vez por semana.

Martín y Delia después de cinco meses como familia izeba se han decidido a acoger a Iker y a Noha. Se está valorando que puedan acoger también a Maddy. Ellos se han mostrado muy interesados, y sería algo maravilloso que Maddy pudiera crecer junto a sus hermanos.

A pesar de la buena evolución de Martina, la Diputación considera que aún no está capacitada para atender adecuadamente a sus hijos.

Le hemos preparado una cunita y un educador estará a su cargo hasta que se tramite el acogimiento, que no creo que se alargue demasiado.

Hoy como es martes tenemos la reunión de equipo semanal, se ha tratado el tema del acogimiento de Maddy, en general el equipo está de acuerdo en que Martín y Delia se hagan cargo de ella. Va suponer un gran esfuerzo para ellos, pero están dispuestos hacerlo, no quieren que la niña se separe de su familia nada más nacer.

Por otro lado, el acogimiento de Noha e Iker está yendo muy bien, los niños están contentos y tranquilos. Es lo que necesita ahora Maddy, un lugar seguro, lleno de amor y cariño como es el hogar de Martín y Delia.

Después de la reunión como los niños están en el colegio, aprovecho para subir al hospital a recoger a Maddy. Estoy muy emocionada, esta niña va a tener una oportunidad de vivir feliz. Aunque me siento triste por Martina, tendrá visitas con ella, pero no es lo mismo que tenerla en casa. Esperemos que eso no desestabilice a Martina, ya que aún no se le ha informado de la decisión.

Cuando llego al hospital las enfermeras me esperan emocionadas, especialmente Justina, que es la que ha sido la encargada del cuidado de Maddy estos meses, y con la que he mantenido un contacto semanal.

— ¡Hola Alma!, ¿Qué tal?
— Muy emocionada, ¿Cómo está Maddy?

Justina sostiene en brazos a la niña, envuelta en una mantita, me trae a la memoria el recuerdo del día que conocí a su hermano. Se repite la historia.

— Aquí la tienes, está estupendamente, y tiene un apetito voraz

Las dos nos reímos.

— ¡Ay lo que nos ha hecho sufrir! - digo suspirando.

— ¿Ahora qué pasará con ella, quien se hará cargo? – su tono denota preocupación.

Le explico los planes que tenemos y parece que se queda más tranquila.

—La siento en el carrito y Justina me entrega un bolso con ropita.

— La vamos a echar de menos, pero estoy contenta de cómo ha evolucionado, hubo un momento que pensamos que no lo conseguiría, pero está claro que es una luchadora.

— Sí, eso parece, gracias por todo, Justina, estamos en contacto.

— Cuando quieras nos vemos y tomamos un café,

me gustaría saber qué tal le va a Maddy.

Después de estos meses en contacto, hemos creado una bonita amistad.

— Por supuesto te mantendré informada.

Firmo los papeles de alta y me despido de todos.

— ¡Ah, Alma!, espera hay alguien que quiere despedirse de ti, y de la niña claro – sonríe traviesamente.

Veo aparecer a lo lejos del pasillo al joven doctor, durante estos meses hemos coincidido varias veces por los pasillos del hospital. Se ha cortado el pelo y tiene una barba de dos días que le hace irresistible.

— Hola Alma, ya te llevas a Maddy, ahora no te vayas a olvidar de nosotros...
— Claro que no, habéis sido un gran apoyo, ya vendré haceros alguna visita
— Eso espero – me giña un ojo y se acerca para

darme dos besos, demasiado cerca de mis labios.

— Bien – digo nerviosa como un flan – hasta pronto.

SEGUNDA PARTE

Capítulo 29

Noha y Ander viernes 15 de julio de 2016 14h.

Noha está en la cocina preparando la comida, pensando en qué excusa ponerle a Ander para poder ir a ver a su hermano. Ha quedado con Iker, necesita que le ayude, tiene que escapar de Ander. Salir de esa casa cuanto antes y llamar a un abogado. Iker le ayudará.

Viven en un pequeño apartamento de protección, en un barrio a las afueras. Se casaron cuando Noha sólo tenía 19 años. Hace ya 12 años.

Ander es 10 años mayor que ella, nadie estaba de acuerdo en que Noha se casara con este hombre. Iker especialmente sabía que no era una buena persona, pero no pudo hacer nada por convencer a su hermana.

Con 16 años Noha se escapó de casa de Martín y Delia y estuvo una semana desparecida, hasta que la detuvo la policía. Desde la comisaría llamaron al hogar preguntando por mí, dijeron que la habían encontrado a las puertas de una discoteca intentando vender marihuana. Noha no quería llamar a sus acogedores, y dio el teléfono del hogar. Ya llevaba cuatro años viviendo con ellos, pero la adolescencia de Noha fue muy complicada. Siempre andaba metida en líos, con mala gente.

Fui a buscarla a la comisaría, no olvidaré nunca la cara de tristeza con la que me miró. A partir de entonces las cosas fueron a peor. Desaparecía cada dos por tres varios días y luego volvía a casa de los acogedores en muy malas condiciones. Hasta que, con 18 años, decidió que no quería seguir viviendo con Martín y Delia y se marchó de casa.

Estuvo un año viviendo en una casa okupa y es allí donde conoció a Ander.

Noha solo buscaba algo de cariño, pero encontró una réplica de su padre, que había muerto hacía dos años por un ataque al corazón. Y a pesar de todo lo que su padre le hizo, ella le quería.

Se fueron a vivir juntos a una casa de protección que le había tocado a Noha, gracias a las gestiones que realizaron Delia y Martín. Ellos le ayudaron a pagar la casa y así al menos tendría un sitio donde vivir.

Noha trabaja limpiando casas y portales y son los únicos ingresos que tienen, ya que Ander se dedica a trapichear con droga y se lo gasta todo en prostitutas y en el juego. Así que a duras penas llegan a fin de mes. Muchas veces Noha tiene que llamar a sus acogedores para pedirles dinero. Ellos se lo dan sin hacer preguntas, pero saben lo que Ander hace con ese dinero y hasta ahora no han podido convencer a Noha de que deje a ese hombre. Pero esta vez Ander ha ido demasiado lejos.

Noha ya no puede más, no aguanta sus insultos, los golpes que le da si la comida no está a su gusto, sus vejaciones en público y cómo la usa cuando quiere sexo.

Le quita el móvil y no la deja salir de casa si no es con él.

Ayer cuando llegó a casa Ander traía unos papeles, y le pidió que los firmara.

— ¿Para qué son esos papeles? Déjame que los leo, no voy a firmar algo que no sé qué es.

— Tú fírmalos no hace falta que leas nada, además con lo tonta que eres no lo vas a entender.

— Bueno tú dámelos y ya te diré yo si los firmo o no. Noha empieza a leer y no sale de su asombro cuando ve el título. "Contrato de Donación"

— ¡Estás loco! ¿Qué has hecho? ¿No te habrás apostado la casa?

— ¡Tú calla y firma!

— De ningún modo voy a firmar eso – Noha lo dice temblando, preparándose para un puñetazo.

Ander da un golpe en la mesa.

— ¡Firmarás!

Y se marcha al salón dando un portazo, dejando las hojas encima de la mesa de la cocina.

Noha pensó que su marido se había vuelto completamente loco si creía que iba a acceder a donarle su casa. Tenía que hablar urgentemente con Iker.

Cogió el teléfono que tenía escondido, que su hermano le había dado por si alguna vez se encontraba en apuros, y desde luego ese era un verdadero apuro.

— Iker, necesito que nos veamos, Ander se ha vuelto loco.

— ¿Qué pasa Noha, qué te ha hecho ahora ese desgraciado?

Noha le contesta con un escueto wasap.

— Ahora no puedo hablar, está ahí vigilando y no quiero que descubra que tengo este móvil, ¿Puedo pasar por tu casa esta la tarde? Ya buscaré una excusa para poder salir.

— Vale muy bien, pásate cuando quieras. Pero qué pasa...

— Ahora no puedo hablar, te quiero Iker.

— Hasta luego...

Capítulo 30

Noha y Ander Viernes 16 de julio de 2016 16:30

Noha esconde el teléfono en el bolso, para que Ander no lo encuentre.

Ander duerme en el sofá de la sala, es su oportunidad de escapar.

Va a coger su bolso cuando oye que Ander se acerca.

— ¿Qué haces? ¿A dónde crees que vas?

— Pensaba bajar a la tienda, se ha acabado el café... - responde Noha temblando.

— ¿Tú te piensas que yo soy idiota? – Ander mete la mano en su bolso y saca el teléfono que le había dado su hermano.

Noha se siente morir, el pánico se apodera de ella.

— ¿Qué es esto? ¿De dónde lo has sacado? – Ander

le grita poniéndole el móvil delante de la cara. – ¡Y no me mientas!

—Me lo dio Iker por si tenía una urgencia y tú no estabas... – dice intentando salvar una batalla que sabe perdida.

—¡Tu hermano! Ese medicucho de mierda siempre metiéndose en nuestros asuntos.

—¡Déjame que vaya a verle, hemos quedado esta tarde, hace mucho que no nos vemos y quería que pasáramos un rato juntos!

—De eso nada, tú no tienes nada que hablar con él. Tú lo que quieres es contarle lo del contrato de donación... por cierto espero que ya lo hayas firmado, soy tu marido y tengo derecho ser el dueño de la casa.

—¡No Ander, no lo voy a firmar y ahora mismo me voy y tú no me lo vas a impedir!

Noha corre a hacia la puerta, pero Ander le alcanza antes de que pueda coger la manilla.

La coge de los pelos y la arrastra hasta el salón.

— ¡Suéltame, me haces daño! – grita desesperada-
mente esperando que alguien pueda oírla.

— ¡Y más que te voy hacer! – Ander la golpea fuertemente en las costillas.

Noha cae al suelo y se golpea la cabeza contra una
mesilla de cristal, que estalla por la fuerza del impacto,
queda inconsciente en el suelo. Un hilo de sangre comienza a brotar de su oído.

Ander impasible coge el teléfono y marca el 112.

— Urgencias ¡Dígame! ¿En qué puedo ayudarle?

— Pueden acudir al Paseo de los Arbustos nº2 1izq,
una mujer está inconsciente, tiene un golpe en la cabeza y sangra mucho.

— ¿Me puede decir su nombre? ¿Oiga, sigue usted
ahí?

Ander no responde, cuelga el teléfono, coge el contrato de donación, después mete algo de ropa en una mochila y se marcha corriendo de casa dejando la puerta abierta.

Cuando llega la ambulancia, 15 minutos después de la llamada, Noha se encuentra en el suelo, rodeada de pequeños cristales y un reguero de sangre a su alrededor.

—¡Madre mía! ¿Qué ha pasado aquí?

Uno de los sanitarios se acerca a Noha para tomarle el pulso, parece que aún está viva, aunque inconsciente, le pone oxígeno, un collarín y ayudado por su compañero la suben a una camilla.

—Hay que llevarla urgentemente al hospital, parece que ha perdido mucha sangre.

Bajan por las escaleras con cuidado, ya que el edificio no tiene ascensor. En el portal una mujer mayor observa con espanto a Noha tendida en la camilla, con la cara ensangrentada. La mujer se acerca a los sanitarios.

— ¡Ay pobre chiquilla! – seguro que ha sido ese desgraciado de su marido, le he visto salir corriendo. –

— Disculpe señora, pero tenemos que llevarla rápidamente al hospital, si tiene información de lo que ha ocurrido, llame a la policía.

— Sí sí, es lo que voy hacer, ese mal nacido no se va salir con la suya.

Meten a Noha en la ambulancia y salen con la sirena puesta a toda velocidad.

Capítulo 31

Alma. 19 de julio de 2016

Suena el despertador, son las 8. La mañana es fresca, me he quedado dormida en la hamaca del jardín.

De pronto siento una sensación extraña en el estómago... me viene el recuerdo de la carta que recibí ayer de Iker.

Tengo que prepararme para ir a trabajar, no podré llamarle hasta el descanso a las 11h.

Me levanto entumecida, me duelen todos los huesos, me hago mayor.

Laila lleva un rato dando vueltas por el jardín y ahora vendrá a pedirme su ración matinal de chuche. Me preparo un café y unas tostadas con mantequilla, es mi pequeño vicio de cada mañana. Si ya sé que es mejor pan con aceite, pero qué sería la vida sin estos placeres culinarios.

Hoy dejaré a Laila en casa, a veces la llevo al trabajo, mi jefa siempre me dice que la lleve, que le da pena que se quede en casa sola todo el día. Pero, aunque sé que no le importaría que la llevara, porque allí se queda tranquila esperando a que alguien le de unos mimos, es verano y la consulta se suele llenar a hasta los topes, porque los clientes tienen previsto ir de vacaciones con su mascota y quieren ponerles todas las vacunas y antiparasitarios que necesiten. Además, también tenemos un servicio de peluquería canina y hay lista de espera de una semana.

Así que hoy Laila se queda en casa, le dejo la puerta del jardín abierta y como tiene un comedero con dispensador, ella misma se regula la comida.

Normalmente voy en bici a trabajar, la clínica está muy cerca de mi casa, y es un bonito paseo, hay que seguir el camino que sigue el río hasta llegar a un precioso puente de piedra, y a partir de ahí atraviesas una larga hilera de preciosos castaños que se alzan majestuosos y en esta época empiezan a mostrar sus primeros frutos. En otoño todo el camino se llena de castañas.

He llegado a la clínica sobre las 8.45, abrimos a las 9, pero ya hay cola esperando. En la consulta trabajo con Marie, la auxiliar veterinaria, Charlotte la peluquera canina y Zila, que es la veterinaria.

Ella es una mujer maravillosa, nadie sabe la edad que tiene, aparentemente es un poco más mayor que yo. Su tez es tersa como la de un bebé, su mirada es verde esmeralda, tiene una larga melena gris plateada que lleva permanentemente recogida en un desaliñado moño sujetado con dos palillos chinos. Su tono de voz es siempre suave como un susurro. Es la calma personalizada. Ella es francesa y a veces le gusta practicar español conmigo poniendo todo su empeño en pronunciar las erres y las jotas, resulta tremendamente divertida.

Adora su trabajo y se desvive porque nosotras estemos a gusto, ella es de la filosofía de que hay que cuidar a los trabajadores y mimarlos todo lo que haga falta.

Adoro a esa mujer, más si cabe por la oportunidad que me dio de trabajar en su clínica sin conocerme de nada, y sin yo tener experiencia, más que la que había adquirido en las prácticas de Enfermería Veterinaria. En la entrevista, hace cinco años, lo único que me pidió es el título, y me hizo dos preguntas.

—¿Cuándo eras pequeña, que querías ser de mayor?

—Pues siempre quise estudiar veterinaria, pero la ciudad donde yo vivía no existía esa carrera. Empecé realizando un curso de terapia asistida con perros, pero me di cuenta de lo que a mí me gustaba era la veterinaria clínica. No me veía con capacidad para estudiar una carrera tan complicada a mi edad y de pronto llegó a mí casi por casualidad la noticia de que existía la formación de Enfermería Veterinaria que, era lo más parecido a lo que siempre quise, dedicarme a trabajar en clínica con animales. Así que no dudé en hacerla.

—¿Tienes alguna mascota? Esa era la segunda pregunta

—¡Sí! conteste emocionada. Tengo una perrita Labrador, se llama Laila, solo tiene un añito, es un trasto, se lo come todo.

—Bien, perfecto, ¿Cuándo podrías empezar?

Yo pensaba que bromeaba, pero siguió.

—Si necesitas unos días para pensarlo o si tienes que avisar en el trabajo que te vas con 15 días, no hay problema. Yo te espero. Necesito una enfermera y creo que tú eres perfecta.

Estaba alucinando, no entendía nada, era la entrevista más rara que había tenido en la vida, pero parecía que aquella mujer de mirada penetrante, hablaba muy en serio.

—— Puedo empezar cuando quieras, dejé el trabajo hace seis meses, así que estoy totalmente disponible.

—— ¡Genial! Pues si quieres ahora que tengo un rato te enseño la clínica, te presento a Marie y a Charlotte y luego poco a poco ya te irás haciendo a la rutina.

—— Muchas gracias, esto para mí es un sueño hecho realidad

—— Me alegro Alma, bienvenida a La Clínica Zila

Llevamos una mañana de locos, no para de entrar gente, no he podido hacer descanso así que ahora que ya vamos a parar para comer, aprovecharé para llamar a Iker.

Salgo fuera a un pequeño jardín que tiene la clínica donde solemos salir a descansar y a comer. Normalmente cada una se lleva su comida y la calentamos en un pequeño microondas que hay en la clínica. Me siento en uno de los bancos que tiene la zona ajardinada.

Antes de comer cojo el móvil y marco el número de teléfono que me ha indicado Iker.

Da tono, espero un rato y salta el contestador. "Venga ya". Una dulce voz de hombre dice:

— "Este es el contestador de Iker Merino, en estos momentos no te puedo atender, deja un mensaje y te llamaré en cuanto me sea posible. Gracias. "

Dejo un mensaje, no me gusta hablar con un buzón de voz, pero tengo que contactar con Iker pronto.

— Hola Iker, soy Alma, cuando puedas llámame. A ver si podemos quedar y hablar tranquilamente.

Capítulo 32

El reencuentro. Lunes 20 de julio de 2016

Después de un largo día de trabajo por fin termino mi jornada. Hoy ha sido uno de esos días en los que no puedes parar casi ni para ir al baño. Son las cinco y media hace un día radiante, voy a por mí bicicleta, creo que pasaré por la playa a darme un baño, antes de regresar a casa.

Previo cojo el teléfono y veo que tengo un mensaje. Nerviosa llamo al buzón de voz:

— Hola Alma, que alegría oírte de nuevo, estaba trabajando y no he oído tu llamada. Esta tarde estaré en casa, llámame cuando quieras.

Decido ir primero a la playa y relajarme con un buen baño. El mar está tranquilo, la playa que hay en frente de mi casa es muy extensa y hay espacio suficiente para que no te interrumpan las familias con sus alborotadoras criaturas.

El agua está fresca, se agradece ya que lo menos hará 30 grados hoy. Me quedo flotando un rato mirando al cielo, noto como mis músculos se van relajando. No hay nada como un baño en el mar para revitalizarte.

Salgo y me seco rápidamente, tomo mi bicicleta y me dirijo a casa, Laila estará impaciente por salir a pasear. Llamaré a Iker desde casa, más tranquila.

Laila salta sobre mí y menea la cola enérgicamente.

— ¡Vaya, parece que me has echado de menos!

Cuando se vaya el calor saldremos a dar un paseo.

Saco un refresco de la nevera y me voy al jardín, me tumbo en la hamaca y marco el número de Iker. Da tono.

— ¡Hola Alma, que contento estoy de poder hablar contigo!

— Iker cielo ¿Cómo estás?

— Bien, yo estoy muy bien, es Noha la que necesita ayuda. Tenemos que vernos y explicarte todo, necesito hablar con alguien de todo lo que está pasando, siento tener que molestarte.

— Iker qué cosas tienes, estoy tan emocionada de volver a oír tu voz y saber que estás bien, me reconforta.

— Gracias Alma, sigues siendo tan dulce como siempre.

— Bien Iker, dime cuando podemos vernos.

— Yo esta semana, trabajo solo por las mañanas, así que cualquier tarde puedo acercarme hasta allí.

— Bien, como te venga mejor. Para mí el miércoles sería perfecto, porque es mi día libre.

— Genial, mándame tu dirección y te paso a buscar.

— Vale y así conoces a Laila mi perrita.

— Perfecto, sobre las cinco ¿Te va bien?

— Muy bien. Te paso mi dirección por whasap. Cuando llegues aparca y salgo a buscarte porque la entrada a mi casa está un poco difícil de explicar.

— Bien, creo que la encontraré – se ríe

— Hasta miércoles entonces. Bien Iker, qué ganas de darte un achuchón.

Capítulo 33

La hora de la verdad. Miércoles 20 de julio de 2016

Me levanto temprano para dar un paseo con Laila. Aprovecho que la mañana está fresca, porque han anunciado que las temperaturas alcanzarán los 35 grados.

Hoy he quedado con Iker que vendría a buscarme al mediodía, para ir a comer juntos.

Siento mariposas en el estómago.

Después del paseo me pongo a recoger la casa, cuando estoy nerviosa me da por limpiar y bajo hacer la compra.

Para cuando vuelvo es ya son las 12:45, me doy una ducha fría, el calor ya es sofocante a estas horas.

Espero en la ventana. Veo aparecer un golf descapotable negro, matrícula española, tiene que ser él.

Cuando sale del coche, le saludo desde la ventana. ¡Qué mayor está! Casi ni le reconozco, aunque ese flequillo cruzándole media cara, que le da ese aspecto tan travieso es inconfundible, ¡Es él, es mi querido Iker!

Me sonríe y me pregunta si voy o viene él

— ¡Ven! Así conoces a Laila.

— ¿Qué letra es?

— Es el bajo, te espero en la puerta.

El corazón en un puño.

Se acerca y me da un abrazo. Le sujeto la cara con las dos manos con delicadeza.

— ¡Pero qué guapo y qué mayor te has hecho!

— Claro Alma, los años pasan para todos. – se ríe.

— Bueno tú serás para mí siempre mi niño, ya lo sabes.

— ¡Cómo eres Alma! – Qué contento estoy de volver a verte. Tú también sigues tan linda como siempre.

— Pero, pasa, pasa ¡Mira, aquí está mi perrita!

Laila lleva un rato detrás de mí, moviendo la cola reclamando su ración de mimos.

— ¡Hola Laila, qué bonita eres! – Iker se acerca y la caricia.

Ella sigue meneando la cola, le gustan mucho las visitas.

— Cojo mis cosas y nos vamos.

— ¡Perfecto!, qué casa tan bonita tienes.

— Sí, el jardín es lo mejor – le grito desde la habitación.

Dejamos a Laila en casa, estará mejor que en la calle con este calor.

— ¡Menudo coche, Iker!

— Sí, la vida me va bien, no me puedo quejar.

— ¿Terminaste la carrera de veterinaria?

— La acabé hace ya dos años y tuve la suerte de que me contrataran en la clínica donde hice las prácticas. Estoy muy contento.

— ¡Cómo me alegra oír eso!

— Es Noha la que no está bien.

— ¡Ay mi Noha, qué mal le ha tratado la vida!

— Bueno, algo de responsabilidad tiene que tener ella también – responde con un ligero tono de enfado.

— Es cierto Iker, pero ella lo ha tenido más difícil que tú... – (pienso si Iker sabrá lo que le hacía su padre a Noha. Imagino que no, y creo que mejor que no lo sepa, pero la entendería más si lo supiera)

— Los dos lo hemos tenido difícil, pero yo tuve la suerte de seguir viviendo con Martín y Delia, ellos me han ayudado con los gastos de la carrera, si no llega ser por ellos no sé dónde habría acabado.

—La verdad es que son dos ángeles. ¿Por cierto, qué tal están?

—Bien, siguen viviendo en la casa de siempre, ahora tienen otro perrito, desde que Otto murió, les costó mucho volver a tener otro, lo pasaron muy mal, era como un hijo para ellos.

—Claro ¿Y sueles verlos a menudo?

—Procuro ir varias veces al mes a comer con ellos.

—Cuando los veas dales un abrazo de mi parte.

—Se lo daré. Les hará ilusión saber que he estado contigo, ellos no saben nada de lo de Noha, no quiero disgustarles antes de saber cómo se encuentra, bastante han hecho ya por ella.

—Entiendo…, bueno vamos a comer y me cuentas tranquilamente qué está pasando. Conozco un sitio tranquilo donde dan bien de comer. He reservado sitio en la terraza.

—Vamos pues, tú me vas indicando.

Arranca el descapotable y partimos hacia el restaurante. Es un sitio muy acogedor que abrieron hace unos meses una pareja joven española, hacen platos de comida tradicional muy bien elaborados. Tiene una terraza amplia coronada por unos preciosos cerezos, que es esta época están repletas de flores y además dan una buena sombra.

Enseguida nos atienden, le indico al camarero que tenemos una reserva para dos, a las 13:30. Mira la lista y dice:

— ¡Ah, sí, Alma! aquí la tengo, síganme por favor.
— Gracias muy amable.

Nos sentamos en la mesa y pedimos que nos traigan las bebidas, dos cervezas bien frías.

— Aquí sirven unos mejillones al vapor muy ricos, también tienen especialidad en pescado a la brasa.
— Bueno, ya sabes Alma que yo con cualquier cosa

disfruto comiendo, aunque soy más de carne, probaremos ese pescado.

El camarero, un chico joven con los brazos llenos de tatuajes, está pendiente de nosotros y enseguida nos atiende cuando ve que ya tenemos decidido lo que vamos a tomar.

— Mientras esperamos, le pregunto directamente a Iker qué está pasando con Noha.

— Pues llevo, como te dije, varios días intentando contactar con ella, pero me salta el contestador. He llamado también a Ander, su marido, y me dice que Noha no quiere hablar conmigo.

— ¡Eso no es posible!

— No, claro que no Alma, es ese desgraciado que no le deja ponerse al teléfono.

— Y por qué crees que Noha está en problemas.

El camarero se acerca con una gran bandeja de mejillones humeantes.

— Aquí tienen, buen provecho.

— Gracias – contestamos al unísono.

— El caso – prosigue Iker - es que el viernes pasado, Noha me llamó muy nerviosa, diciéndome que tenía problemas con Ander, que necesitaba que quedáramos, que necesitaba ayuda.

— ¿Qué tipo de problemas? ¿Qué ayuda?, ¡Ay madre! en que lío se habrá metido

— Le dije que podíamos quedar ese mismo día, que no se preocupara que fuera lo que fuera le ayudaría.

— ¿Y qué pasó?

— Que no se presentó a la hora que habíamos acordado, y a partir de ahí, nada, tiene el teléfono apagado. Han pasado cinco días y no tengo noticias de ella. Estoy muy preocupado, temo que le haya podido pasar algo grave.

— Bueno tranquilo Iker, seguro que todo esto tiene una explicación, y vamos a encontrar a Noha. Yo te ayudaré en todo lo que pueda.

— Gracias Alma, eso espero. Es tan delicada y frágil.

243

—Lo primero que vamos hacer es ir a su casa y ver si conseguimos información.

—¿Y si no está allí?

—Entonces llamaremos a la policía, porque ya serían muchos días desaparecida.

—¿Te parece que vayamos esta misma tarde?

—Por mi bien, he pedido unos días libres, así que hasta el lunes no tengo que volver al trabajo.

—Perfecto, y ahora vamos a saborear este delicioso pescado, que se va quedar frío.

El camarero hacía rato que había retirado la bandeja de mejillones y nos había servido el pescado.

Capítulo 34

La búsqueda de Noha 21 de julio de 2016

Me levanto cansada, no he dormido bien, monstruos asaltaban mis sueños.

Laila se sube a la cama para darme los buenos días, es una suerte tenerla.

He quedado en ir a recoger a Iker sobre las once para ir a casa de Noha, porque ayer al final no pudimos ir porque Iker tuvo que irse a atender una urgencia, a ver si la encontramos allí o si alguien sabe algo de ella.

El edificio donde vive Noha tiene cinco plantas, imagino que todos los vecinos se conocerán, se ve suciedad en la calle, basuras acumuladas fuera de los contenedores y grupos de jóvenes, con edad de estar en clase, fumando marihuana en un parque infantil.

Es un barrio a las afueras, no hay comercios, salvo un taller mecánico y una tienda de comestibles, poco apetecible. La puerta del portal está abierta, nos cruzamos con una mujer de más de 80 años que arrastra con dificultad el carrito de la compra.

— Buenos días – nos dice cuando pasamos a su lado.

— Buenos días tenga usted también –responde Iker.

— ¿Son ustedes de la policía?

Iker y yo nos miramos sorprendidos.

— No, somos familiares de una mujer que vive aquí – ¿Ha ocurrido algo? - le pregunto preocupada.

— Es que desde que la semana pasada que se llevaron a la mujer del primero izquierda, en ambulancia, no para de venir la policía preguntando si ha aparecido algún familiar.

Un mal presentimiento me ataca, Iker me mira, a él también le ha ocurrido lo mismo.

— ¿En ambulancia? ¿Qué ocurrió? Soy su hermano.

— Ay esa pobre chica, Noha creo que se llama, ya lo decíamos todos, que no iba acabar bien, con ese desgraciado
de marido que tiene. Pero yo no sé nada, solo sé que tuvieron una fuerte discusión, que vino la ambulancia, se la llevó
y desde entonces ni ella ni su marido han vuelto por aquí.

Siento que me desmayo, me siento en el rellano de las
escaleras.

— ¿Se encuentra bien, le traigo un poco de agua?, vivo
aquí en el bajo

— No se preocupe, ya estoy mejor.

— No es molestia – la mujer deja aparcado el carrito y
avanza lentamente hacia la puerta de su casa, al rato aparece con una bandeja que tambalea en sus artríticas manos, con un vaso de agua y un poco de chocolate.

— Esto le ayudará a subir la tensión, ¿Es hija suya Noha?

— Más o menos – respondo después dar un buen trago
de agua.

— Pues más no les puedo decir. Espero que esté bien la
chiquilla. Es una buena chica, no se merece un hombre así.

Iker no para de dar vueltas de un lado a otro.

— Muchas gracias señora, ha sido usted muy amable.

— No hay de qué hijo, aquí todos nos apoyamos en lo que haga falta.

Me levanto y le devuelvo la bandeja a la anciana, que desaparece tras la puerta de su casa olvidando el carrito en el portal. Le toco el timbre, tarda un rato en salir.

— Disculpe, se ha dejado aquí fuera el carrito.

— ¡Ay qué tonta! y yo buscándolo en casa, así que no lo encontraba. - sonríe – gracias maja, espero que encontréis a Noha y que esté bien.

— Eso espero, gracias de nuevo.

Sale caminando pausadamente y la vemos dirigirse hacia la pequeña tienda de comestibles.

— ¡No hay tiempo que perder Iker!, vamos ahora mismo al hospital, si no ha vuelto a casa es que aún está ingresada.

— ¡Vamos! espero que no sea demasiado tarde.

Esta ciudad es muy pequeña y sólo hay un hospital así que no será difícil encontrarla.

Capítulo 35

Lo inevitable Hospital Princesa 21 de Julio de 2016

12h

Vamos directos al Parking, el hospital siempre está abarrotado de coches y es mejor ir ahí, si no ya puedes estar dando vueltas 20 minutos para al final tener que aparcar en el de pago.

Nos dirigimos casi a la carrera a la recepción, una mujer joven nos atiende tras el mostrador, intento explicarle quiénes somos y a quién estamos buscando, pero después de pasar un rato examinando los ingresos nos dice:

— Pues yo no encuentro a ninguna mujer con ese nombre.

— ¡Seguro!, Puede volver a mirar por favor – le suplica Iker.

— Mire me gustaría ayudarles, pero en el ordenador no aparece.

En ese momento noto como una cálida mano se posa en mi hombro, siento como electricidad por todo mi cuerpo.

— ¡Alma! ¿Eres tú?

Me giro para ver quien está provocándome esa revolución, un apuesto médico, un poco más mayor que yo diría.

El tiempo ha hecho mella en su mirada, ahora marcada por unas preciosas patas de gallo, que personalmente siempre he pensado que las tienen las personas que sonríen mucho.

Su pelo se ha vuelto de un brillante tono gris, que le da un mayor atractivo del que ya posee su natural belleza. El azul de sus ojos se ha apagado un poco, pero sigue teniendo esa mirada arrebatadora que tenía cuando nos conocimos...

Lleva una bata blanca con un bolsillo en la solapa lleno de bolígrafos y una identificación que pone; jefe de cirugía. Doctor Laskurain. ¡Sí que ha progresado!

— ¿Mikel?

—— Vaya, han tenido que pasar más de 20 años para que consiga que me llames por mi nombre de pila. - se acerca y me da un abrazo.

Desprende un embriagador aroma a flores frescas de azahar.

—— Pues sí, vaya coincidencia. No pensaba que te acordarías de mí.

—— Cómo no me voy acordar, si en aquella época yo era médico residente y me tocó hacer la operación de Martina, aún me acuerdo de su nombre, fue mi primera operación de urgencia que practiqué como cirujano jefe, eso no se olvida nunca. ¿Y qué tal está la niña?, bueno ahora ya tendrá unos 20 años.

Iker que lleva un rato callado observando la conversación interviene:

—— Maddy está muy bien, ahora vive en Madrid, está estudiando Bellas Artes. - disculpe yo soy su hermano. – Encantado- le da la mano a Mikel.

Con toda la preocupación por Noha me había olvidado de preguntarle por su hermana y por su madre.

— ¿Y Martina? – pregunta Mikel.

— Mi madre está muy bien, vive en una casita con jardín que le ayudamos a pagar, tiene un perrito también, vive tranquila.

— Bueno Mikel, me alegro mucho de haberte visto. Pero ahora tengo que encontrar a Noha, la otra hija de Martina.

Le explico brevemente la situación, y le comento que la chica de información no ha podido localizarla.

— ¡Espera Alma! Voy a ver si puedo ayudaros.

Mikel se acerca la ventanilla de información, apoya su antebrazo en el mostrador y le regala una sonrisa a la secretaria.

— ¿En qué puedo ayudarle Doctor? – responde devolviéndole una sonrisa ruborizada.

— Verás, tengo aquí a mi amiga que necesita encontrar a una persona, que puede estar ingresada desde hace una semana.

La secretaría me mira, me reconoce y responde amablemente:

— Ya le he indicado a la mujer que en los registros de ingreso no he encontrado a nadie que corresponda a las características que me ha dado.

— ¡Quizá no esté en planta! Podrías mirar si pudiera seguir en urgencias o algún otro departamento.

— Está bien, pero ya le digo doctor que he mirado en todas partes.

La mujer busca de nuevo en el ordenador. Al cabo de un rato se dirige a Mikel, su cara denota sorpresa.

— Hay una persona que podría ser la que están buscando, ingresó de urgencia el viernes pasado, pero... – hace una breve pausa. - Se encuentra aún en la UCI, por eso no la encontraba, además no tiene identificación, cuando ingresó estaba indocumentada.

— ¡Perfecto!

— Puedo indicarle a la señora cómo llegar hasta la UCI

— No te preocupes, yo mismo los acompaño.

— Bien, si no desea nada más…

— No, gracias muy amable.

Mikel se dirige hacia nosotros para explicarnos lo que le ha contado la secretaria, pero nosotros estábamos detrás y hemos oído todo.

— Bien, entonces os acompaño hasta allí, no tiene pérdida, pero mejor si os llevo yo y así os dejaran pasar sin hacer muchas preguntas – dice Mikel para animarnos un poco.

Yo estoy de los nervios, qué tan grave es lo que le ha pasado a Noha que sigue en la UCI después de una semana. Iker camina en silencio detrás de mí.

Tomamos el ascensor para subir a la tercera planta, Mikel se pone a mi lado y su mano roza ligeramente la mía – siento un escalofrío que recorre mi cuerpo- se cruzan nuestras miradas.

— Hace calor aquí- dice Iker sonriendo.

Salimos del ascensor, Mikel camina delante nuestro, Iker me toma de del brazo.

— ¿Qué ha pasado ahí?
— Nada Iker, una larga historia...
— Ya ya...

Llegamos a la entrada de la UCI, observo como Mikel habla con una enfermera. Al rato regresa.

— Bueno os comento, podéis entrar de uno en uno, y ver si es Noha, y otro que vaya a hablar con la doctora Elustondo que enseguida viene a atenderos.

— Entra tú Iker, yo me quedo.

La enfermera acompaña a Iker hasta la habitación de Noha, tiene que ponerse un EPI y mascarilla para poder entrar. Desde donde yo estoy puedo ver a Iker, la habitación tiene una pequeña ventana desde donde se puede ver a los pacientes. Echa un vistazo a la habitación y me mira asintiendo con la cabeza.

Es Noha.

Mikel me indica donde puedo esperar.

— Bueno Alma, yo ahora me tengo que marchar hacer la ronda, pero cuando acabe me paso a ver cómo está Noha.

— Muchas gracias Mikel, nos vemos luego entonces.

Me da dos besos.

No tengo que esperar mucho rato porque enseguida acude la doctora.

— Hola buenos días, soy la doctora Elustondo, me han informado de que podrían saber quién es la mujer que tenemos ingresada desde el viernes.

— Si, hola yo me llamo Alma, soy su...- no tengo tiempo de explicarle quien soy, así que le digo que soy su madre adoptiva. Se llama Noha.

— Ah bien, pues venga a mi despacho que estaremos más tranquilos y le informo de la situación.

— Gracias, muy amable

Mi instinto me dice que no son buenas noticias. Me invita a sentarme y me ofrece un té.

— Bueno Alma, debo decirle que el estado de Noha es bastante grave.

— ¿Qué le ha pasado?

— Creemos que recibió un fuerte golpe en las costillas, ya que tiene una fractura que le ha provocado un neumotórax. Esto significa que ha entrado aire al espacio pleural y éste ha colapsado el pulmón, es decir perforado. Le hicimos una intervención de urgencia para eliminar el exceso de aire, pero sigue filtrando, ya que la abertura del pulmón no se ha cerrado. Es posible que sea necesario hacer una nueva cirugía para cerrar la fuga de aire.

— ¿Y cuál ha podido ser la causa? – pregunto lo más calmada que puedo, porque por dentro siento tal rabia e impotencia, de saber perfectamente quién se lo ha hecho.

—— Está bastante claro que ha sido un golpe seco, ya que también recibió golpes en la cara y en la cabeza.

—— ¿Entonces cree que podría recuperarse?

—— El neumotórax no nos preocupa, seguramente con la intervención se solucionará y la costilla curará sola. Es el cerebro lo que es más alarmante y grave. Llegó con un traumatismo craneoencefálico, y sigue en estado vegetativo desde que ingresó.

—— ¿No se ha despertado? – quiero gritar, me tiemblan las piernas.

—— No, lamentablemente las lesiones neurológicas son significativas, a la vista de los resultados que hemos obtenido en el TAC donde hemos detectado un edema cerebral.

—— En caso de que recobre la consciencia cuales serían las consecuencias...

—— Depende cómo evolucione, pero lo esperable es que pueda padecer amnesia, cambios en el comportamiento (p. ej., agitación, impulsividad, desinhibición, falta de motivación), problemas de memoria, limitaciones motoras, irritabilidad o apatía y los problemas atencionales son algunas de las alteraciones que más frecuentemente se presentan en estos casos.

— Y en el peor…

— Dada la gravedad del estado de Noha podría fallecer si el edema no disminuye.

Me quedo callada sin saber muy bien que decir, en ese momento entra Iker, que le han indicado que estaba en el despacho de la doctora.

— Iker, cariño ¿Has visto a Noha?

— Sí, no está bien, me ha dicho la enfermera que no se ha despertado desde que llegó al hospital.

— Siéntate, que ahora te explica la doctora.

Iker escucha atentamente, en silencio, a medida que la doctora va detallando todo lo que ya me ha contado a mí, se va poniendo más furioso. Iker no le da tiempo a que termine de darle toda la información y se levanta dando un golpe en la mesa.

— ¡Voy a matar a ese desgraciado! Así no volverá a ponerle la mano encima a Noha. Si sale de esta claro.

— Mantengamos la calma – la doctora se levanta pausadamente y se acerca a Iker poniéndole la mano en el hombro.

— Perdone, es que me siento tan culpable por no haber podido ayudar a Noha.

— Aquí no ha culpables – le digo - y menos tú, que siempre has estado pendiente de ella. Pero ya sabes que el que no quiere ayuda no se le puede obligar y ella tomó las decisiones que creyó adecuadas. Aunque a la vista está que no fueron correctas.

— Doctora, ¿Podría estar un rato con Noha? – le pregunto con un nudo en el estómago asustada por lo que me voy a encontrar.

— Sí, tranquila, hoy no tenemos muchos pacientes en la UCI pueden estar el tiempo que quieran

Capítulo 36

La Casualidad 21 de julio 13:30h

Salimos de la consulta de la doctora en silencio, cada uno con nuestro propio dolor, hacia la habitación de Noha.

La imagen es estremecedora. Lo primero que veo es que tiene una parte de la cabeza en la que se percibe un gran hematoma. Su tez está pálida, ella siempre había tenido una brillante piel tostada. El sonido del cardiógrafo emite sus latidos, indicando que aún sigue con vida... La respiración asistida es la que la mantiene en coma.

Iker se sienta al borde de la cama y le coge la mano, no puede evitar llorar desconsoladamente.

— Noha lo siento tanto, tenía que haber estado ahí para ayudarte, y ahora mírate, quién sabe si saldrás de esta y cómo...

— No te martirices Iker, lo hecho, hecho está y aquí el único culpable de esta situación es ese malnacido de Ander.

Intento mantener la calma, alguien tiene que hacerlo.

— Iker mírame, tenemos que avisar a Delia y a Martín. Sé que no querías preocuparles, pero no sabemos el tiempo que le queda a Noha.

— No digas esas cosas Alma, Noha se va poner bien.

— Hay que ser realistas Iker, está muy grave. A mí también me duele verla así, pero creo que a vuestros acogedores les gustaría estar aquí, por lo que pudiera pasar...También tendrás que avisar a Martina y a Maddy.

— Mi madre y Noha llevan mucho tiempo separadas, mi hermana nunca le perdonó que nos abandonara en el hogar... pero estará preocupada igualmente. Maddy está ahora en casa de Delia y Martín por las vacaciones de verano, así que ellos mismos le informarán.

Iker se levanta y se queda un buen rato mirando por la ventana, saca un pañuelo de tela del bolsillo y se seca las lágrimas.

— Está bien, en cuanto me reponga un poco les llamo.

— Gracias Iker, sé lo duro que es esto para ti, sé que no quieres disgustarles, pero creo que querrán saber todo lo que ha estado pasando...

— Voy un momento a la cafetería a tomar una tila. ¿Quieres venir?

— Si no te importa prefiero quedarme un rato más con Noha.

— ¿Quieres que te traiga algo?

— No gracias Alma, no me entra nada ahora, tengo el estómago revuelto. Así aprovecho y les llamo a Delia y a Martín tranquilamente.

— Está bien, Iker, vengo enseguida, estate tranquilo, seguro que todo va ir bien, Noha es una luchadora.

Iker sonríe sin mucha gana. Cuando me estoy yendo por la puerta Iker me llama.

— ¡Alma!

— Dime cielo

— Gracias por velar por nosotros.

— Iker no tienes que darme las gracias, ya sabes que tú y Noha sois como hijos para mí, estaré aquí siempre.

— Lo sé, por eso te lo agradezco.

Salgo de la habitación, tengo ganas de gritar. Antes de ir a la cafetería salgo un momento a la calle, hace un día radiante. Tomo aire. Pienso en los pasos a seguir... hay que poner una denuncia, este desgraciado va pagar por lo que ha hecho.

Me dirijo hacia la cafetería que está en la segunda planta del edificio principal. Me siento en una mesa con mi tila humeante. Me quedaré un rato para reponerme, tengo que estar fuerte para Iker y Noha.

— ¿Está libre esta silla? – una dulce voz de hombre me habla desde atrás.

— Sí – cuando me doy la vuelta para ofrecerle el sitio, veo esos ojos que llevan el cielo en su mirada. ¡Mikel!

— Hola Alma, ¿Te puedo acompañar? – lleva una bandeja con una ensalada, un trozo de pan y una copa de vino.

— Claro Doctor, me vendrá bien un poco de compañía.

Toma asiento, de cerca es aún más atractivo.

—¿Has podido hablar con la doctora?

—Sí, me ha explicado la situación de Noha, es bastante complicada.

Le hago un pequeño resumen.

—Vaya, lo siento mucho Alma. Es triste que todavía haya hombres así.

—No quiero ni pensar lo que ha estado sufriendo Noha, sin decirnos nada, aunque todos sabíamos que ese hombre no era una buena elección. Se casó muy joven. No tuvo una vida fácil.

—Te tienen a ti – me giña el ojo.

—Ellos siempre fueron especiales para mí.

—Bueno pues ahora hay que esperar, aquí tenemos muy buenos profesionales y van hacer todo lo posible porque Noha salga adelante.

—Estoy segura. Pero hablemos de otra cosa, quiero despejarme un poco, dejar de pensar...

— Y bien Alma, cuéntame cómo te ha ido estos años, ¿Sigues trabajando de educadora?

— ¡Qué va! lo dejé hace años, ahora soy enfermera veterinaria.

— No me digas, y ¿Ese cambio tan radical?

— Ser veterinaria era mi sueño y descubrí la enfermería veterinaria y ahí que me puse a estudiar con 40 años... y ya ves ahora trabajo en una clínica en Francia. Vivo allí.

— ¡No me digas! yo también vivo en Francia. En Urrugne.

— ¿Estás bromeado? Yo vivo en Hendaya. Somos vecinos.

— ¡Qué casualidad!

Ahora viene la pregunta del millón, no sé si hacerla o esperar a que la haga él. Un momento de silencio. Se lleva un trozo de pan a la boca, que ha rebañado a conciencia en la salsa de la ensalada. Al fin él dice:

— ¿Tienes hijos?

— Con todos los niños con los que estuve de educadora tenía más que satisfecho mi instinto maternal, además Noha e Iker son como hijos para mí. ¿Y tú?

— Yo estuve casado, ahora soy el soltero de oro – suelta una carcajada. Tengo un hijo de 15 años, que pasa dos semanas al mes conmigo y otras dos con su madre.

— Vaya.

— Nos separamos cuando él era muy pequeño, la cosa no funcionó, parece que no era la mujer de mi vida – sonríe.

— Yo vivo con mi perrita Laila. También estuve casada pero no duró mucho, tampoco era el hombre de mi vida – Los dos nos reímos.

— ¡Ah sí! yo también tengo un perro, es un Pastor vasco, ya mayorcito que apareció un día en la puerta de mi casa. Pregunté por los alrededores, pero nadie parecía conocerlo. Lo llevé al veterinario y me dijo que no tenía chip. Así que se quedó a vivir conmigo, de eso hace ya 9 años. Es como un hijo más para mí.

— Los perros son geniales, yo siempre he tenido perro, desde pequeña en mi casa siempre había perros. Ahora tengo la mía, es un labrador, tiene 5 años y sigue siendo una loca.

Me siento a gusto hablando con este hombre. Quizá podíamos salir un día a pasear con nuestros perros…

— Es agradable hablar contigo Alma.

— Gracias – creo que me he ruborizado.

— Bueno Alma me tengo que ir, ya ha terminado mi media hora de descanso. Pero me encantaría seguir charlando contigo en otro momento. Oye se me ocurre que cuando estés más tranquila, pase un poco todo esto, podemos dar un paseo con los perros. Seguro que se llevan bien. Thor es muy bueno.

Me quedo paralizada, ¿Ha dicho me encantaría? me ha leído el pensamiento. Creo que voy a derretirme en cualquier momento.

— Claro que por supuesto– digo medio balbuceando.

— Toma mi tarjeta, cuando quieras damos ese paseo. Ha sido un placer charlar contigo Alma.

—El placer es mío, si te parece te mando un wasap con mi número de teléfono, puedes llamarme cuando quieras – me levanto y le hago una reverencia mientras lo hago.

—Se levanta y se va riendo. No sin antes echarme una mirada arrebatadora.

Voy a buscar a Iker y la enfermera me dice que ha salido fuera. La entrada del hospital tiene una bonita zona ajardinada con flores de muchos colores y está rodeada de bancos, en uno de ellos veo a Iker sentado, con los codos apoyados en las rodillas y con el teléfono pegado a la oreja. Parece tan abatido.

Paseo un rato por los jardines respirando el aroma de las flores, hasta que veo que Iker deja el teléfono apoyado en el banco. Me acerco y me siento a su lado en silencio.

—Ya he hablado con Delia y Martín, han dicho que salen de casa en media hora con Maddy. Con mi madre también he hablado, que pasarán de camino a buscarle ellos.

—Ah muy bien, se habrán quedado preocupados...

—No les he contado todo, solo les he dicho que está grave, que cuando lleguen hablaremos con más calma.

—Estupendo, y ahora vamos a comer algo, que tenemos que reponer fuerzas...

—¡Ander!

—¿Qué?

—¡Ander! que está ahí.

—¿Cómo ahí?

—Ahí ahí no lo ves, subiendo las escaleras, ¡Será mal nacido qué coño hace aquí, yo lo mato!

Iker se levanta y yo le agarro del brazo intentando evitar que vaya, pero tiene mucha fuerza y se suelta, sale corriendo hacia donde está Ander.

—¡Iker no hagas una tontería! – le grito mientras corro detrás de él para intentar alcanzarle antes de que llegue.

Pero como en una película a cámara lenta, veo cómo Iker le agarra del jersey por detrás y lo lanza al suelo escaleras abajo.

—¡Desgraciado yo te mato! – Iker está fuera de sí.

Ander se levanta del suelo a duras penas, sacudiéndose los pantalones.

— ¡Anda si es el hermanito de Zumosol! – dice Ander con evidente sorna.

— Como des un paso más te...

— ¿Te qué...? ¿Qué me vas hacer ahora, me vas a pegar delante de toda esta gente?

Pienso que desde luego se merece que le den una buena paliza.

— Iker no le hagas caso, sólo intenta provocarte.

— Lárgate por dónde has venido, aquí no pintas nada, no vas a volver a ver a Noha en tu vida.

Iker está al borde de un ataque de nervios.

— ¿Y quién me lo va impedir tu o la zorrita esa que tienes al lado?. – me mira con desprecio.

Iker se abalanza sobre él, lo tira al suelo y comienza a darle puñetazos en la cara y en el estómago, Ander trata de defenderse, pero Iker es mucho más fuerte y Ander a duras penas puede levantarse.

Varias personas se acercan para separarlos, incluido el guarda de seguridad que, ha venido porque le han avisado que había dos personas en la entrada armando jaleo en la puerta. Este último sujeta a Iker y consigue separarle. Otros dos hombres se ocupan de Ander.

—¡Esto no va quedar así! – grita Ander lanzando un escupitajo con sangre.

—Bueno, vamos todos a tranquilizarnos un poquito – dice el guarda, que sigue sujetando a Iker, aunque éste ya se ha calmado.

El corazón me late a 200, me siento en un banco para reponerme un poco.

—Sí, desde luego que no va quedar así, vas a pagar por lo que le has hecho a Noha– le responde Iker.

—Yo no he hecho nada, tu hermana se calló al suelo ella solita, ya sabes es muy torpe, siempre está dándose golpes – dice Ander forcejeando para intentar soltarse de los hombres que lo mantienen sujeto.

El guarda de seguridad interviene.

—A ver, ¿Vais a dejar de comportaros como chiquillos, o tengo que llamar a la policía para que solucionéis el asunto en comisaría?

—Está bien, puede soltarme, no le voy hacer nada a ese malnacido, ya se encargará de él la justicia.

—Eso está por ver – no tenéis pruebas contra mí – y ¡Soltarme ya! que no quiero estar aquí, veo que no soy bienvenido.

—Eso lárgate, no quiero volver a verte, porque la próxima vez no va haber nadie que te salve...

—Anda y que te den pringado y que le den también a la puta de tu hermana, yo ya tengo lo que quiero...

—¿De qué estás hablando?

—Pregúntale a tu hermana.

—¡Noha está en coma por tu culpa desgraciado!, va ser que no me va poder responder.

Ander se queda mudo un momento. Parece que no conocía el estado de su mujer. Aunque tampoco pareciera importarle demasiado a la luz de lo que respondió:

— ¿En coma? ¡Ah!, entonces mejor para mí.

No puedo creer lo que oigo, este tío es un psicópata.

Las personas que sujetaban a Ander, le sueltan y se aleja del hospital, gritando una serie de improperios y amenazas.

En ese momento aparece Mikel.

— ¡Alma estás aquí!, llevo un rato buscándote. ¿Qué ha pasado, me han dicho que había unas personas peleándose?

— Hemos tenido un percance con el marido de Noha que ha aparecido de repente, pero ya se ha marchado. ¿Para qué me buscabas?

— ¡Noha!, que se ha despertado, me ha avisado la doctora Elustondo porque no os localizaba. – dice visiblemente emocionado.

Iker se ha quedado un rato hablando con el guarda de seguridad.

—¡Iker!, ¡Iker! Es Noha que se ha despertado, corre vamos.

—¿De qué hablas Alma?

—A ver no sé, me ha dicho Mikel que le ha avisado la doctora que no nos encontraba, venga date prisa.

Me despido de Mikel dándole las gracias y salimos corriendo hacia la planta de UCI.

Capítulo 37

La Familia 21 julio 15h

Llegamos sofocados por la carrera y la angustia.

La Doctora Elustondo nos está esperando en la puerta, ya que Mikel le ha avisado de que íbamos para allí

— ¿Cómo está Noha? – pregunta Iker desesperado por entrar a verla.

— Está muy desorientada, y no para de preguntar por ti. Es mejor que entréis de uno en uno, no le he informado nada sobre su estado, no quiero asustarla.

— Entonces ¿Puedo pasar a verla? ¿Alma te importa que entre yo primero?

— Claro que no hijo, ve a verla.

Iker sale disparado hacia la habitación de su hermana.

— ¿Iker, eres tú?

— Sí, cariño estoy aquí, todo va ir bien.

— La casa Iker, la casa

— ¿De qué hablas?

— La casa Iker, no dejes que se la quede.

— Pero de que estás hablando, ¿Qué pasa?

Noha casi no puede respirar, está con el oxígeno, se quita la mascarilla para que Iker le entienda.

— Ander me quiere quitar la casa.

— No sé a qué viene eso, pero ahora relájate, ya hablaremos más tarde.

— No Iker no, tiene unos papeles que ha falsificado con mi firma para que le done la casa.

— Será desgraciado, no te preocupes. Ahora que ya has despertado todo se arreglará, de momento tienes que descansar y ponerte bien.

Noha respira cada vez con mayor dificultad. La máquina que indica la saturación de oxígeno está por debajo de 60 y empieza a pitar escandalosamente. Noha comienza a convulsionar.

— ¡Noha!, ¿Qué está pasando? ¡Doctora! ¡Doctora! venga rápido, no sé qué le ocurre.

Al momento acuden dos enfermeras que apartan a Iker y le piden que salga fuera, necesitan estabilizar su hermana. Él no quiere salir, pero la Doctora le toma del brazo.

— Tranquilo, ellas se ocupan, deja que hagan su trabajo, en cuanto se estabilice os avisamos.

Iker sale a regañadientes de la habitación de Noha y corre hacia mí, dándome un abrazo.

— Ay Alma, se ha puesto a temblar, no he podido hablar casi con ella. – llora desconsoladamente en mi hombro.

Observo el trajín de enfermeras que van de un lado a otro, dos de ellas permanecen en la habitación de Noha.

—Vamos a sentarnos un momento. Te traeré un poco de agua.

Al cabo de media hora sale la Doctora, viene a informarnos del estado de Noha.

— La situación se ha complicado. Ahora está estable y cons-ciente, pero creemos que el coágulo que tiene en el cerebro le

está presionando alguna arteria. Consiste en un coágulo sanguí-
neo que tapona el paso de la sangre y no la deja pasar.

—Y eso qué significa – Iker se espera lo peor.

—Bueno, estamos sopesando dos posibilidades.

—¿Y cuáles son?

—La primera es dejar que el coágulo se deshaga por sí
mismo y ver cómo evoluciona, le administraríamos medicamen-
tos para controlar la presión sanguínea y las convulsiones y an-
tiepilépticos, pero esta opción no es muy recomendable a la luz
de la crisis que acaba de tener. La segunda opción es abrir y realizar una cirugía para remover los coágulos de sangre y aliviar la
presión en el cerebro.

—¿Operar? – pregunto sabiendo cual es la respuesta.

—Además, no podemos esperar más, si ustedes nos dan el
permiso la llevaríamos hoy mismo al quirófano. A Noha no le
queda mucho tiempo.

Iker y yo nos quedamos paralizados ante la perspectiva que
se nos presenta.

—¿Puede dejarnos un momento a solas?

—Sí por supuesto.

Iker no reacciona, lleva un rato mirando al suelo sin mediar palabra. Necesito que se centre. Lo invito a salir fuera a tomar un poco de aire. Nos sentamos en un banco. En ese momento veo aparecer a Delia y a Martín, por detrás les siguen Martina y Maddy, que sujeta a su madre del brazo. Les llamo para que se acerquen.

— Iker cariño, ahí viene tu familia.

Se levanta y corre a abrazar a Delia. Esta le responde con un tierno gesto, acariciándole la mejilla. Después saluda a los de-más y acaban todos abrazados. Yo me acerco y espero.

— ¿Os acordáis de Alma?
— Claro, cómo no – responde Delia con una gran sonrisa.
— Gracias por venir – Martín se acerca y coge mis manos, en un gesto de agradecimiento.

Saludo al resto de la familia y me acerco a Martina. Que co-mienza a llorar en mis brazos.

— ¡Ay Alma!, qué alegría verte.
— Sí, que bien que hayáis venido todos.

Pienso que no hay tiempo que perder y les expongo a todos cómo está la situación de Noha. Decidimos ir a la cafetería para hablar tranquilamente.

Después de un rato entre todos toman la decisión de que lo mejor es que la operen. Es Iker quien se lo notifica a la Doctora.

— Creo que han tomado la decisión adecuada. Tenemos preparado el quirófano y en una hora la operaremos.

— Gracias Doctora, le agradezco todo lo que está haciendo por mi hermana.

— No hay nada que agradecer, esperemos que todo vaya bien, cuando acabe la operación os llamaremos, proporciona a la enfermera un número en el que podamos localizaros.

— Sí, ya lo tienen registrado. Gracias de nuevo

— Bien, pues manos a la obra.

Iker regresa a la cafetería donde todos esperamos en un sepulcral silencio.

— Ya está hecho. Nos avisarán en unas tres horas.

Deciden comer algo, la cafetería está repleta, de familiares que esperan como nosotros noticias, de médicos y enfermeras tomándose un descanso. Ninguno tenemos mucha hambre, así que pedimos algo ligero.

El tiempo pasa lento mientras esperamos a que suene el teléfono de Iker, que aguarda en silencio sobre la mesa, como en una película de terror en la que no sabes cuándo sonará ese sonido que, sabes que te va asustar.

Después de comer noto cómo el cansancio y el stress se acumulan en mi cuerpo, decido dejarles para que se pongan al día.

Me despido de ellos y les pido que me llamen en cuanto tengan noticias.

Mi casa está a unos 20m del hospital, así que aprovecharé para dar una vuelta con Laila por la playa, está atardeciendo y hace una agradable brisa de verano.

Capítulo 38

La operación 21 julio de 2016 por la tarde

Regreso de la playa sobre las 18h, sin noticias de Iker. Aún quedan dos horas mínimo hasta que acabe la operación.

Lleno la bañera y hecho unas sales a ver si tienen algún efecto calmante, como promete el prospecto.

Laila se queda tranquila en su camita, ella ya ha tenido su ración de esparcimiento, ahora me toca a mí.

Después del baño preparo la ropa, sea lo que sea lo que diga la doctora voy acercarme al hospital, para que Delia y Martín puedan ir a descansar. Ya que me ha dicho Iker que se han quedado los tres a esperar en el hospital.

Sobre las 20.15 suena el teléfono. Es Iker.

— ¡Hola Alma! ¿Has podido descansar un poco? – su voz suena tan apagada.

— Sí, gracias, pero cómo está Noha ¿Se sabe algo ya?

— Sí...- se queda en silencio.

— ¿Qué ocurre? – me tiemblan las manos casi no puedo sostener el teléfono.

— No son buenas noticias Alma...

— ¿Qué dices Iker? ¿Qué ha pasado?

— Los médicos han dicho que han hecho todo lo que han podido pero que el sangrado de la arteria se ha extendido más de lo que esperaban y sólo han podido remover un poco para que no le presione tanto...

— ¿Y eso qué significa?

— Que se muere, Alma, Noha se va morir.

— ¡No digas eso! Seguro que algo más pueden hacer.

— Parece que no..., puede que le queden horas, días o semanas, pero la doctora ha dicho que es inevitable. Que seguirá tenido convulsiones, y los síntomas se irán agravando como problemas sensoriales, visión borrosa, desorientación considerable, dificultad para comprender lo que se dice o se escribe, dificultad para hablar o escribir, incapacidad para organizar los pensamientos y las ideas... y no sé cuántos síntomas más hasta que un día entrará en coma y ya no habrá nada más que hacer.

—No puedo creer lo que me estás diciendo, no quiero creerlo. ¿Y Noha está consciente?, ¿Han hablado con ella los médicos?

— No aún no, me han dicho que enseguida la traerán, ¿Puedes venir?, no sé si voy a poder mirarle a los ojos y mentirle.

— Por supuesto, estaba preparándome para salir hacia el hospital, en 30 minutos estoy allí.

— Gracias Alma, aquí te esperamos, estoy con Delia y Martín. Mi madre y Maddy han ido a descansar un poco.

Cuando llego al hospital, me acerco a la zona de UCI. Allí me esperan los tres, de sentados en la entrada de la sala de espera, se les nota el acusado cansancio de este día horrible que, permanecerá en la mente de Iker como el peor día de su vida, en el que encontró y perdió a su hermana al mismo tiempo.

Le doy un abrazo a Iker, noto cómo empieza a llorar, casi en un susurro, como si no quisiera que nadie le oyera. Me quedo un rato sujetando su dolor.

— La doctora nos acaba de decir que Noha ya está en la habitación – dice Delia para animar un poco el ambiente.

— Sí, ha dicho que ha preguntado por Alma, que cuando llegaras pasaras a verla, que quiere hablar contigo. Nosotros nos quedamos un rato más – añade Martín.

— Bien, Iker ¿Estás mejor?, ¿Te parece que entre un momento hablar con ella y luego venís vosotros?. – Iker se separa de mí secándose las lágrimas con la manga del jersey.

— Sí, ve a verla mientras me repongo, no quiero que me vea triste.

Noha tiene una venda que le cubre toda la cabeza, le han tenido que rapar el pelo para poder hacerle la operación, está despierta, con la mascarilla de oxígeno y el suero puesto en el brazo.

Sonríe ligeramente al verme entrar.

— ¡Alma!, qué alegría verte, aunque sea en estas circunstancias – mira a su alrededor señalando con las manos la sala de UCI.

— ¿Cómo te encuentras?

— Muy cansada, pero necesito que hagas algo por mi antes de que sea demasiado tarde.

Por la manera en que me lo dice, entiendo que está informada de su situación, o al menos de la gravedad. Así que me quedo un momento en silencio, no sirven ahora frases como, te vas a poner bien o todo irá mejor ahora...

— ¿Has hablado con el médico?

— Sí, Alma, pero no te preocupes, no quiero que sintáis pena por mí, en parte yo he dejado pasar el tiempo...

— Eso sí que no, aquí el único responsable de esto es Ander, que te quede claro.

— No te molestes Alma, precisamente de eso quería hablar.

Se pone la mascarilla de oxígeno porque le cuesta respirar, y la conversación parece que le está alterando.

— Tranquila Noha, descansa. Podemos hablar de eso que necesitas en otro momento.

Con bastante dificultad se recuesta en la cama, emite un quejido de dolor y me coge de las manos.

— ¿Crees que podría venir la policía al hospital para que yo pueda interponer una denuncia a Ander?

Capítulo 39

La última llamada 15 de agosto de 2016

Noha lleva dos semanas ingresada en el hospital, como vaticinó la doctora Elustondo, cada día los síntomas se van agravando. Desde hace unos días, le cuesta expresar en palabras lo que quiere decir, una parte del cuerpo se le ha paralizado, tiene convulsiones casi a diario. Cada día que pasa se le ve más desorientada.

Puso la denuncia y ahora tienen arrestado a Ander a la espera del juicio.

Durante estas semanas hemos estado haciendo turnos entre todos para que se sintiera acompañada.

Ayer por la noche me acosté temprano, había pasado casi todo el día con Noha, ella casi no podía hablar, pero yo le animaba contándole recuerdos de cuando vivía en el hogar, y en ocasiones esbozaba una pequeña sonrisa.

Hoy a las seis de la mañana ha sonado el teléfono, esa llamada que nunca quieres recibir, pero que al final tienes que coger. Es Iker quien me llama.

—¡Alma ¡- su voz se quiebra, llora desconsoladamente.

—Tranquilo cariño, ¿Cuándo ha sido? – intento controlar la angustia que me sube por el estómago.

Iker se repone un poco para poder hablar.

—Ayer pasé la noche en el hospital, me he quedado dormido a su lado y cuando me he despertado esta mañana... un escalofrío me ha recorrido el cuerpo, he sabido que Noha ya no estaba.

—Me visto y voy para el hospital ahora mismo.

Iker un poco más entero, me explica que no hay prisa, que tiene que hacer todos los papeleos y se va pasar allí todo el día.

—Bien, pues de todos modos voy en cuanto pueda, aviso a la clínica que me cojo unos días libres. No voy a dejar que pases esto solo.

—Gracias Alma, aquí te espero.

Cuelgo el teléfono y me tumbo de nuevo en la cama, cojo la almohada y comienzo a golpearla con fuerza, le doy todos los puñetazos que le daría ahora al malnacido de Ander. Cuando me repongo me doy una ducha bien fría, doy un paseo con Laila e intento organizar mi mente para estar lo más entera posible y sobrellevar este horrible día que se presenta. Salgo para el hospital.

Capítulo 40 Epílogo

Un nuevo comienzo

Han pasado ya dos meses desde que Noha se marchó a vivir con los ángeles, estoy segura de ello, porque ella era uno de ellos.

Hoy es sábado, el otoño está a la vuelta de la esquina, y fuera las hojas de los árboles adornan mi jardín. Laila corretea de un lado a otro pisoteándolas. Son las 9.45 de la mañana y hoy tengo pensado ir a dar un paseo al monte con ella.

Pero antes, como cada fin de semana, recojo el periódico y la barra de pan recién hecha que recibo puntualmente a las 10.

Cerca de mi casa hay un obrador, lo regenta un anciano que se niega jubilarse, lo menos tendrá 80 años, emigró a Francia cuando era joven y sigue sin querer hablar bien el idioma. Yo le debí caer en gracia, porque siempre le manda al chiquillo que trabaja con él, que sin falta antes de las diez, todos los fines de semana, la señorita Alma tenga su periódico y su pan tierno en la puerta. Es adorable.

Me gusta seguir leyendo el periódico, aunque ahora todo se puede encontrar en internet a mí me gusta leerlo, es un periódico pequeño con muy poca tirada, y sobre todo dan noticias locales y chismorreos, que para qué negarlo le entretienen a una.

Para mí no hay mayor placer que desayunar pan tierno con mantequilla y un buen cuenco de café con leche, creo que eso ya lo sabéis.

Por supuesto Laila viene a recibir su parte, la suya sin mantequilla.

Ojeo por encima los titulares del periódico, cuando llego a la página de sociedad me da un vuelco el corazón, la noticia que llevaba esperando desde que Noha nos dejó.

El titular dice *"Dictan sentencia contra el hombre de 54 años que mató a su mujer de un golpe en la cabeza"*.

Se me retuerce el estómago.

Comienzo a leer la noticia, paso de largo el macabro relato de cómo sucedieron los hechos. Avanzo hasta donde pone "Sentencia".

"La sala rechaza el recurso presentado por la defensa y confirma la sentencia dictada por la Audiencia Provincial al considerar que sí hubo ensañamiento. Sobre esta cuestión los magistrados aplican agravantes por parentesco y violencia de género. El juicio por estos hechos terminó la semana pasada con el veredicto del jurado popular, que lo consideró culpable de «asesinato con alevosía» y «ensañamiento». La Audiencia Provincial condena ahora al hombre, que confesó el crimen, a 25 años de cárcel.

El fallo ve probada que tras una discusión en el domicilio familiar el condenado atacó «con la intención de matar» a su pareja de forma sorpresiva e inesperada golpeándola en la parte posterior de la cabeza contra una mesa de cristal.

El tribunal condena al hombre a 25 años de cárcel. Además de los 25 años de cárcel, también reclama que indemnice a los dos hermanos y madre de la víctima con 60.000 euros para cada uno. Igualmente, se establece que la casa que la mujer tenía en propiedad sea devuelta a las personas avalistas.

Por último, se le impone una pena de dos años por falsedad documental, que se sumarán a la anterior pena citada"

Doy un respiro, esto último ha sido gracias a los trámites que Delia y Martín hicieron, en coordinación conmigo y un gabinete de abogados, que certificaron que la firma del contrato de donación era una falsificación, a través de un grafólogo. Por otro lado, los acogedores habían puesto una cláusula en la que se establecía que, si Noha fallecía, el piso pasaba a ser devuelto a sus avalistas.

He estado bastante en contacto con ellos y hemos quedado que estas navidades nos juntaremos, ya que Iker vendrá a pasar unas semanas.

Martina y Maddy ahora están más unidas que nunca. Aunque toda la vida han tenido visitas, Maddy prefirió seguir viviendo con Delia y Martín, para ella son como si fueran sus padres biológicos. Aún sigue viviendo con ellos, está estudiando en Madrid, pero en los períodos vacacionales vuelve a su paraíso, como lo llama ella. Tras la muerte de Noha, antes de volver a Madrid pasó casi todos los días acompañando a su madre.

El artículo sigue detallando cómo se llevó a cabo la investigación, que no me interesa. Cierro el periódico de golpe. Tengo sentimientos encontrados, feliz por ver que este hombre pagará por lo que le hizo a Noha, pero la profunda tristeza que siento durará mucho aún.

Tengo que llamar a Iker, seguro que aún no se ha enterado de la noticia. Después del funeral de Noha, decidió marcharse unos meses a África con su novia. Tenían planeado ese viaje hacía tiempo, para ir a trabajar a una reserva de Gorilas huérfanos.

Es un proyecto que lleva a cabo la El Instituto Jane Goodall dentro de la Reserva Natural de Tchimpounga, de más de 520km2, que alberga también a chimpancés salvajes y otros animales en peligro, en el residen más de 130 chimpancés huérfanos rescatados del tráfico y la caza furtiva.

Iker se quedó muy desmoralizado, apático, se sentía culpable de no haber podido salvar a Noha. Su novia le animó a retomar ese sueño que tenían y con la distancia, quizá, el duelo, duela menos.

Aunque todos sabemos que cuando nosotros viajamos en avión, nuestros problemas llegan en autobús.

Enredada en mis pensamientos estoy cuando suena el teléfono. Miro para ver quién es, la verdad no tengo ganas de hablar con nadie.

¡Es Mikel!

FIN

Agradecimientos

o   Nanuk por la suerte que tengo de tenerla, mi meta en la vida es llegar a ser esa persona maravillosa que ella cree que soy.

o   Mi madre por darme la vida.

o   Mi padre por darme la vida y educación.

o   Carmen por acompañar a papa en lo bueno y en lo malo.

o   Mi hermana Susana, por dar vida a Alejandro.

o   Mi hermano Gerardo por su vocación de maestro porque, una cosa es saber y otra saber enseñar.

o   Mi hermano Juan y mi cuñada Elena por seguir juntos pese a todo.

o   Mi querida tía favorita, M.ª Jesús, por educar a sus hijos con amor y respeto y mantener a la familia unida.

o   Mi querido tío favorito, David, por concederme el honor de ser la madrina de Tania, aunque yo sea un desastre como tal....

o   Imanol por compartir a Nanuk.

o   Arantxa porque entre las dos aprendimos que la única manera de tener una amiga es serlo.

o   Izaskun por salvarme la vida y por la vida que llevas dentro.

o   Laura por tener los hijos que yo no tuve.

o   Irantzu y a Javi por La Buena Vida, por acogerme en Madrid, por volver a San Sebastián, por el cohete, por todos los recuerdos que compartimos y por seguir creando nuevos.

o   Mi querido Javier Sánchez por leer con entusiasmo y paciencia todos los cambios del relato y ayudarme mejorarlo.

o   Al resto de la cuadrilla: MªJo, Maite & Gari, Marta & Pablo, por otros 20 años más de cenas en la Soci de Pablo, que acaban en serenatas nocturnas, de comidas que terminan en cena en la "casita" de Lauri.

o   Mi linda y querida Estela, tan hermosa, por dentro y por fuera, gracias por animarme a terminar el relato.

o   Maite Agós por compartir muchas risas y algunos llantos. Por ser la mejor educadora del mundo.

o   Leire porque haces que las cosas difíciles parezcan fáciles.

o   Maite, Irene y Saioa por todos los fines de semana que compartimos con nuestros niños especiales, por las tardes locas de lluvia en los albergues y por todo lo que reímos y lloramos, aprendiendo juntas cuando no sabíamos nada.

o   Paki porque siempre estás cuando los demás se han ido.

o   MªLui porque, aunque pasen los años seguimos pudiendo llorar de la risa. Por dedicar el tiempo necesario para corregir el texto, con esa pasión que pones en cada cosa que haces.

o   Rober y Rosi dos ángeles de luz, con quien di mis primeros pasos como educadora allá en el otro mundo.

o   Mis queridas Keepers; Andrea, Marta, María, Elena, Lili y Cris, por todo lo que nos reímos en aquel Oasis.

o   Juanjo mi terapeuta por ayudarme a salir de las tinieblas.

o   Gracias a todos esos niños, niñas y adolescentes que me han ins-
pirado, que han aguantado mi genio, mis días malos y a pesar de todo
darme su confianza y amor incondicional, motivarme para seguir trabajando y darme la fuerza para seguir creyendo que, nunca es demasiado
tarde para tener una infancia feliz.